▶别太溺爱我，我发脾气、哭泣，只是在试探你，世界那么大，我知道自己不可能得到每一样好东西，因此请别纵容我，不要为了我的哭闹而放弃了你的立场。

▶别为我的逆反生气，我无意跟你们作对，只是希望你们能明白一个事实：我很快就要"独立"了！我将有自己的想法，自己的人生，请耐心引导我，不要指责我"叛逆"。

▶不要只关心我的成绩，还要多关心一下我的心理。因为成长中我会遇到很多的问题：会自卑、会胆小、会焦虑……幼时差一棵树的距离，长大后可能差一片森林，你说对吗？

▶不要过度保护我，很多事情试试让我自己来解决，可能做的不那么完美，可是我自己毕竟经历了整个过程，而不是只有一个空洞的结果。这就是你们说的成长，不是吗？

▶有时候我忍不住会说谎，请别太严厉地斥责我，让我觉得自己就像犯了罪；特别是不要在别人前揭穿我、指责我，如果你愿意私下提醒，我一定会努力改正。

▶我爱磨蹭，有点小脾气，不够专注，有时候还有点不讲道理，可是我不是坏孩子，请多对我付出一点耐心，帮我养成良好的习惯，让我一点点成长，最终走得更远！

▶在我还小的时候，我的世界里只有一个"我"：我的爸爸，我的妈妈，我的玩具……可是有一天，我总要走出这个小小的世界，请教会我控制情绪、与他人相处、怎么让人喜欢我，你知道这些对我很重要。

其实你不懂孩子在想什么

儿童各种行为心理模式及教养策略

刘丽 著

台海出版社

图书在版编目（CIP）数据

其实你不懂孩子在想什么 / 刘丽著. -- 北京：台海出版社, 2018.1

ISBN 978-7-5168-1732-2

Ⅰ.①其… Ⅱ.①刘… Ⅲ.①儿童教育—家庭教育

Ⅳ.①G782

中国版本图书馆CIP数据核字（2017）第318036号

其实你不懂孩子在想什么

著　者：刘　丽

责任编辑：姚红梅　曹文静　　　装帧设计：MM末末美书
版式设计：阎万霞　　　　　　　责任印制：蔡　旭

出版发行：台海出版社
地　　址：北京市东城区景山东街20号　邮政编码：100009
电　　话：010—64041652（发行，邮购）
传　　真：010—84045799（总编室）
网　　址：www.taimeng.org.cn/thcbs/default.htm
E－mail：thcbs@126.com

经　　销：全国各地新华书店
印　　刷：保定市西城胶印有限公司
本书如有破损、缺页、装订错误，请与本社联系调换

开　　本：150×210　1/32
字　　数：128千字　　　　　　印　张：7
版　　次：2018年3月第1版　　印　次：2018年3月第1次印刷
书　　号：ISBN 978-7-5168-1732-2
定　　价：32.00元

前言　读心——成功父母的第一项修炼

有这样一个故事：

在过新年的时候，一位母亲领着5岁的女儿去逛当地最豪华的百货大楼。她认为小女儿一定会喜欢那里的装饰、玻璃窗、漂亮的衣服、洋娃娃和特色玩具。

可是，一到那里，不知为什么，她的小女儿就开始轻声地哭泣，小手拉紧了她的大衣。

"真扫兴，你有什么委屈的呢，售货阿姨是不接待啼哭的孩子的。"她责怪说。

"噢！也许是孩子的鞋带没系好。"在走廊里，她靠近自己的小女儿，蹲下给她系鞋带。这时，她无意中向上看了一眼。

这是第一次，她从一个5岁孩子的眼睛里看到了周围的世界！

没有玩具、没有手镯、没有礼物、没有装饰华丽的展览，只有一片混乱的、看不见顶的走廊……人的大腿、屁股、用力的脚，以及其他的庞大物体在乱推乱撞，看上去很可怕。

她立即把孩子领回了家，从这一天开始，她明白了孩子有孩子的立场和观点，很多时候孩子心里想的和你想的不一样。

当你在为"我家有子初长成"满心欢喜的时候，是否也发现他或她总是出现这样或那样的状况？于是你开始抱怨："我家孩子怎么突然不听话了？孩子怎么这么'独'？为什么孩子这么不愿意上学？"不要说孩子变化快，真正的原因仅仅是你没有弄懂孩子在想什么，一旦你了解了孩子的心理特点后，这一切疑问便都迎刃而解了。

美国教育学家查尔莫斯指出：对于孩子而言，家是最重要的一个社会空间，在家庭中他可以学会很多，比如学会要分享喜悦，要分担痛苦，做人要大度，做事要思考等。孩子能学到多少，关键看父母能给予他们多少。因此，父母们要密切关注孩子的心理，了解他们的情感趋向、思维模式、行为方式等。只有掌握一点"读心术"，熟练地学会"阅读"孩子，并仔细从生活小细节中观察孩子的心理；用正确的方法来处理孩子的心理问题，才能使家庭教育达到事半功倍的效果。

首先，家长要学会了解孩子所处年龄段的基本特点，甚至整个儿童期的发展特点。比如孩子什么时候处于执拗期，"不"字当头；孩子什么时候开始关注自己的价值和地位，希望做"指挥者"；孩子什么时候开始尝试独立，变得"不听话"起来……掌握了这些，父母就能更好地培养孩子，而不是让孩子的需求受挫。

其次，家长要善于观察孩子的行为，不只看事情的表象。比如，当他们需要我们陪伴的时候，可能会故意捣乱或逆反来吸引我们的注意力；有时候他们分不清现实和想象，可能会出现说谎行为……如果此时我们的反应停留在问题的表面，直接去制止他们的淘气或斥责说谎行为，孩子可能会感到委屈，并且与家长产生距离感。

最后，我们要努力与孩子成为朋友，鼓励孩子表达感受。孩子对内心感受毫不吝惜的表达，无疑为我们提供了更多的了解他们需求和想法的机会，这样也就能更好地引导孩子。不过，孩子表达自己的感受是希望得到理解与接纳，并不是想得到对抗性的说教，家长们一定要注意这一点。

希望父母们都能修炼好这门读心课，分享孩子的每一点成长和快乐，指引孩子走对每一个岔路口，最终培养出自信、思维开阔、情商高的好孩子！

目　　录

Contents

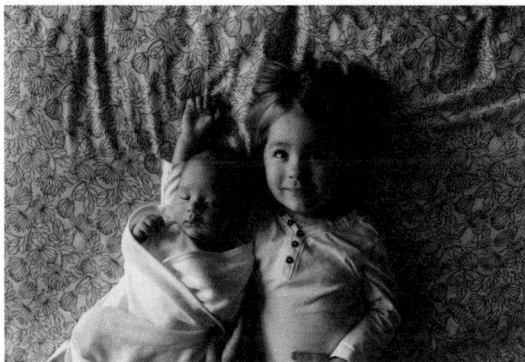

第一章

爱孩子，要先懂孩子

1. 跟孩子聊聊天，别再做命令型家长

"您常和孩子聊天吗？"当调查者带着这个问题去问15位中小学生的家长时，有10位家长的答案是一致的——很少聊天。只有一位家长表示，她和孩子沟通顺畅。一所中学对230多名高一至高三的学生调查发现，有七成的学生不喜欢和家长聊天，有什么心事宁愿倾诉给好朋友也不会对家长吐露半个字；而有八成的家长感到自己和孩子存在距离和隔膜，觉得无法理解孩子的所做所想。那么到底是什么原因造成了这种隔膜呢？

随着工作节奏不断加快，竞争压力日益增大，许多家长不得不将更多的时间和精力投入到工作中，致使他们无暇顾及甚至忽视对孩子，尤其是处于青春期的孩子的教育和指导，这已成为当今普遍存在的一个社会现象。

这是一个9岁的德国小女孩英格在学校里写的一篇短文，讲的是她参加家庭集体会议的亲身经历："我们开了一次家庭会

议，为什么？我们有时候出现问题，可是我们又不愿意实实在在地说出来。部分原因是害怕，部分原因是觉得丢脸。家里的人全都是这样，包括我们的家长和我们这些孩子。一直到母亲说："我的心理医生对我说，如果大家愿意痛痛快快地说出心里话，那就应该举行一个家庭会议，在会议上每个人都可以发表自己的意见。"于是我们每人买了一个笔记本，在上面记下（我弟弟是画在上面）所有其他人对他做错的事情。我们规定一个时间举行会议，每次会议结束时选出一个新的领导人，由他来办所有的事情。从那以来我们觉得情况好了很多。"

星期五下午18：30，是英格全家一起商定的会议时间，大家很快就会聚一堂。英格和她的弟弟彼得希望得到孩子喝的调味酒，而且在家中点上蜡烛，这样能在家中营造一种轻松舒适的氛围。谈话是由小事情展开的，英格首先发言："正如你们所说，我太胖，但是你们对此什么也不做。爸爸和妈妈总是在我面前吃巧克力，而我只可以看看，我希望你们帮帮我。"于是，全家决定制作一个卡路里表，到儿科大夫那里去咨询减肥的饮食限制。小弟弟彼得也表示，他以后可以悄悄地吃巧克力。

母亲的话题是"零花钱"，因为英格认为80分尼的零花钱太少了，所以母亲问她："你需要多少零花钱，你有些什么样的愿望想要实现？"英格谈了她的理由："我希望有时候买点只属于我的东西，我还想偷偷地买，买好后再给你们看。"但是英格又认为母亲把零花钱提到一个半马克太多了，她只想要一个马克，如果以后她觉得不够的时候，还会就这个问题在家庭会议上同家长谈的。

孩子们逐渐地适应了向家长袒露他们的情感要求，他们希望家长晚上经常陪他们一起玩一会儿，家长毫不犹豫地答应了。但同时他们也提出了对孩子的要求，即孩子要做到及时上楼、吃饭和洗澡。

英格的一家人都很赞成这种交谈方式，这使家长与孩子可以轻松地畅所欲言，而且大家都乐于去实施共同做出的决定，家庭的情感沟通、家庭教育都收到了理想的成效。

在家庭中沟通是最重要的，对沟通技能、方法的掌握与学习，与孩子未来社会适应能力的高低紧密相连。如果一个孩子从小在家庭中能够同别的成员进行很好的沟通，当他步入社会时，也能很好地与人沟通。

家长与孩子出现沟通危机，如果说是因为家长忙，那是大人的自我推脱，最主要的原因是做家长的不注重孩子的生理和心理变化，缺乏和孩子沟通的技巧。家庭教育不是"正规教育"，而是一种生活教育、实践教育，家长是孩子的首任老师，家长与孩子沟通时要淡化学校教育的色彩。而在现实生活中，家庭教育学校化现象很普遍，孩子到学校的任务是学习，可回到家里，家长仍然追着孩子的学习不放，孩子自然会很反感。

经常有家长向教育专家咨询：和孩子每天沟通多长的时间比较合适？如果家庭教育规定出时间，那样就太刻板了，家庭教育要融入日常生活中，应随时随地、自然而然地进行。

再忙的家长，每天都该空出一点时间来和子女做些沟通。那么，如何在和谐的家庭环境中与孩子实现有效沟通呢？

定期举行家庭会议。家庭会议既可以是严肃的，也可以是游戏式的，它并不拘泥于形式和内容，只要是家庭内的事，无论大小都可以通过"会议"这一渠道来沟通和决定。关键是要全体参与，人人发表意见，以保证它是平等的。为什么要定期呢？定期，容易使之渐渐成为家庭成员共有的习惯，成为家庭"惯例"。

安排家长与孩子独处的黄金时间。"黄金时间"是指家长每天或每星期抽出一段时间，让孩子决定在这"黄金时间"中的活动。孩子可向家长说出心底的话，而家长一定要用心倾听，了解孩子的感受，但不要立刻下判断。孩子亦可以要求与家长玩各种游戏。家长关心孩子在学校的表现、与朋辈的关系是理所当然的事，若能每天抽出时间与孩子相处，让他们自由发挥，他们便更容易向家长倾诉心中的想法。

有一本专门的对话本。这是一种纸上的对话，旨在交换意见和感受。对含蓄的中国家长来说，不宜口头探讨的问题，如青春期的生理保健等，用文字说明更方便些。之所以要用专门的本子，是为了平时可以"回顾"，将来可以"回味"。

对一时不能达成共识的问题，先微笑着将其保留。国外的教育学家、心理学家经过认真研究，提出"微笑协商解决冲突"。具体步骤为：分析确定冲突是什么；分析判断冲突的实质是什么；找出解决这一冲突的各种办法；分析冲突一方不能接受的解决方法；找出冲突双方都能接受的解决方法；实践并检验、调整双方都能接受的解决方法。

缺少沟通的生活是没有生气的枯燥的生活，家长与子女的沟通是情感的需要也是成长的需要。让沟通成为我们生活中重要的一部分，通过沟通让生活变得更美好。

2. 倾听孩子的心声，你要全神贯注

场景一："妈妈，我没有某某漂亮和优秀，也没有某某讨人喜爱，你是不是很失望？"孩子感到自卑。妈妈看着孩子的眼睛，抚摸着孩子的头告诉孩子："孩子，你和她一样优秀！能看到别人的优点，这就是你最大的长处，我喜欢你做我的女儿，也因此感谢老天的恩赐。"

场景二："我早晨到校晚了，没有做好值日，老师罚我值日一个星期。老师就知道责罚，真烦人。"孩子怨气很大。父亲这样安慰孩子："为了做好班级工作，老师奖罚分明，学生应该理解。在班级里，每一个学生都应当承担一份工作，并把它做好，这是应尽的义务。老师罚你做值日，也不是一件坏事情，可以增强你的责任意识，对你今后的成长很有益。"听了父亲的话，孩子的怨气消去了大半。

场景三："我们班调皮孩子多，纪律涣散，老师让我当班

干部，我才不愿意费力不讨好呢。"孩子对老师安排的工作有抵触情绪。母亲这样开导孩子："这可是老师对你的信任啊，老师这样信任你，说明你有能力做老师的小帮手，我看你不应该失去这次锻炼机会，更不应该让老师失望，妈妈相信你能挑起这副重担。试试吧，你一定会干得很出色的。"妈妈这样一番话，既告诉孩子要尊重老师，又告诉孩子要有热爱班集体的品质，要有敢于承担责任的勇气。

家长和孩子双方都在寻求这样的友谊，它能够提供足够的安全感使我们在表达思想的同时也流露出感情。与我们关系最密切的人通常是这样的人：他们对我们的爱能使我们表现自己的感情，而不是相反。孩子是很容易表现自己内心世界的：沮丧时会发脾气，害怕时会出汗和发抖，伤心时会大哭。能得到家长倾听的孩子在幼年时会常常哭泣和发脾气，这些都属于消除紧张与困惑情绪的自然过程。孩子的恐惧和悲伤就好比他们身上多余的负担，会影响孩子的注意力。如果孩子能充分地显露并甩掉它们，就能重新恢复他们那有爱心、有信心的与人合作的本性。

允许孩子表露情绪，直到他平静下来，对孩子是很有益的。

但是，通常我们对待孩子的情绪流露的典型反应是"采取措施"助他恢复平静。之所以这样是因为我们成年人非常担心孩子会变得没有理性，会带着偏见观察事物。事实是，当有人给予他们起码的关心、肯定和尊重时，孩子的情绪流露肯定会改善其观察力和自信心。

孩子开始哭或发脾气时，很重要的一点是家长要持续和蔼地倾听，亲切地留在孩子身边，温和地抚摩或搂住他，讲几句关心的话，但不要多。例如，"再多告诉我一些""我爱你""发生这样的事我很难过"等。假如你在此时话说得太多，就会在这种"交流"中凌驾于孩子之上，不能倾听孩子的话。如果你能听听孩子的想法，而不是企图"纠正"他，那么孩子会深深地感受到你的关心。孩子把自己的情绪通过发火或哭喊发泄出来后，会重新注意你和他周围的情况，而且一般说来，他会感到轻松和精神焕发。跟随着孩子的浅笑或哈欠而来的暴风骤雨似的哭泣，常常预示着孩子正在重新调整自己的意识。

当孩子感到紧张或孤独时，他可能"制造"一个情况，以使家长不得不对他的行为给予限制。一旦家长制订出了合理的限制，孩子就会乘机哭闹发脾气，从而消除他感受到的紧张。假如此时家长能给孩子几句使他安心的话并耐心倾听他的诉说，他就能摆脱恶劣的心境，变得情绪放松、明白事理，接受家长制订的限制。不过，如果孩子身上已积累了大量的不安、愤怒或不信任感，那么他就得经过若干场哭闹才能消除掉足够多的情绪积累，从而意识到家长是爱他的。

许多家长发现，倾听孩子哭泣或发脾气而不是要求他"恢复正常"的做法，实际上要比试图控制并转移他的注意力或强迫他举止温顺有礼更容易，也更有益处。孩子在哭泣和发脾气的时候会感到自己的世界已经崩溃，而此时你向他传递你的爱可达到最佳的效果。当你留在他身边，不提任何要求，他迟早会修整好自己的世界，而你对他的关怀会成为这个世界中充满活力的一部分。

定期地给孩子"专门时间"倾诉，意味着家长开始尊重孩子的判断力，开始倾听他急于摆脱的紧张及其他感受。一开始，"倾听"几乎对于所有的家长都非常困难，因为他们现在学着要给予孩子们的关怀与"倾听"，他们自己都不曾享受过。在这陌生的领域中，家长们会感到不舒服，但是孩子的反应就是他们的向导。每一次耐心地倾听孩子们的倾诉，每一次充满探索或笑声的"专门时间"，都会说明：家长寻求的与孩子之间的爱和信任正在得到加强。

实践证明，成功的倾听应把握以下几点。

要专心。每个孩子都希望自己的讲话能受到重视，他们有被尊重的心理需要。因此，家长在倾听时需精力集中、态度端正、全神贯注，尽量注视着孩子的眼睛，不要做看手表、抠耳朵、打哈欠等影响孩子情绪的动作，否则会让孩子觉得你心不在焉。

要耐心。不要因孩子话语过长而感到厌烦，家长要善于控制自己的情绪，耐心地听孩子把话讲完。特别是孩子发表见解或有火气的时候，更要耐心倾听，给孩子提供表达情感的机会，从而促进问题的解决。

要诚心。要尊重孩子，在孩子还没有把意见充分表达出来之前，不要随意表态或乱下断语，也不要随便批评。此时倾听者的坦率、真诚尤为重要，否则会产生一种距离感，影响沟通效果。即使不同意孩子的看法也不要轻易打断孩子的话，如确有必要纠正其不妥的观点，也要等孩子把话讲完后再阐明自己的观点。

如果在孩子情绪最糟时你在倾听、关心他，他会深深地体会到你对他的爱。

家长在倾听中，还要学会透过现象看本质，通过孩子的身体语言、情态，弄清话中之话，把握孩子的真实意图，从而有的放矢地做好导向工作，促进问题的顺利解决，解开孩子的心结。

3. 向孩子敞开心扉，孩子会更懂事

刘先生不苟言笑，严肃古板，是一位典型的威权父亲，他可能从来未曾体会到孩子的感受，也可能从来没能欣赏孩子的笑容。他负责社区的清洁工作，社区的孩子们都知道，刘先生很凶，脾气暴躁，没人敢接近他。

刘先生的孩子们都惧怕父亲，碰到父亲在场，尤其是吃饭的时候，都不敢讲话。孩子先帮他把饭盛好，稍有一些地方不符合父亲的意思，就得挨骂。有时邻居能亲眼看见，他的小孩在做家务时，动作稍微慢一点儿，他就大吼大叫，孩子们都吓得不敢讲话，低着头拼命做事。

孩子们慢慢长大，都离开了家庭。后来，刘先生年老体衰，生病了，没有一位孩子愿意去照顾他，唯独年老的老伴在身旁照顾。病症愈来愈严重，刘先生去世了，而他跟孩子的关系也随风而逝。

　　刘先生不爱他的孩子吗？他像牛马般地努力工作，难道不是为了家人幸福？只是因为时代与文化环境的局限，让他的观念跟不上时代，变得僵化，不知该如何跟孩子们有效沟通，如何温情相处。他的苦，不是他自己愿意的啊！每当看到许多孤单而受苦的老父亲们，我们的内心难道就没什么感触吗？

　　传统父亲在孩子的心目中"既熟悉，又陌生"。有一位接受调查的成员无奈地说出自己对父亲的感觉："我的父亲是个非常严肃的人。从很早以前，我们的沟通就很少、很浅，单独和父亲相处，竟会带给我许多焦虑和不安。并不是因为我畏惧他，而是不知道如何处理与一位陌生人相处所带来的情绪和反应。即使到了今日，我明白这样的关系是我心中一个难解的结，但我依旧不知如何与父亲接近。"

　　这种父亲往往都坚持父亲的权威不容侵犯。若孩子"不听话""不乖"，等于是漠视他的命令或者是忤逆他。这会使他感觉权威地位的动摇，因而他就会采取非常手段以巩固他一家之主的地位。即使他自己做错事，也不愿向孩子道歉。这种父亲对其他人都可以道歉，唯独对自己的小孩不行。一个拥有健康人格的孩子，会愿意长期忍受父亲如此的教导方式吗？

　　家长一味地要求孩子向自己敞开心扉是不行的，家长也需要向孩子敞开心扉。只有向孩子敞开自己的心扉，才能得到孩子的认同，从而促进亲子关系的发展，建立良好的亲子沟通关系。

当孩子关切地问家长"您为什么不高兴啊？是不是工作上有了麻烦""您有什么麻烦，能不能告诉我"的时候，家长就应该认真地考虑一下，是否应该敞开心扉跟孩子谈一谈。如果只是搪塞敷衍地说"没什么，很好"或"不关你的事，去玩你的吧"，那就等于是将孩子对家长的关心推开。

家长真诚地向孩子敞开心扉，表现了对孩子的尊重和信赖。为人家长者，若能在孩子面前以一种轻松的方式让孩子接受自己的不完美，承认自己的错误，不仅会让孩子觉得自己与家长更亲近，从而加深亲子之间的感情，而且能把一种坦然、放松的处世态度传达给孩子。

在中国的亲子关系中，有一个很奇怪的现象：家长往往很少向孩子透露自己的内心世界，却要求孩子能够向家长吐露一切，这种不平等的关系是亲子沟通的一道屏障。

那么作为家长，如何向孩子敞开自己的心扉呢？

1.和孩子分享你的喜怒哀乐。

有位哲人说过：分享快乐，快乐就会加倍；分担痛苦，痛苦就会减半。

家长和孩子的关系是世界上最亲密的关系，更应该一起分享喜怒哀乐。家长向孩子敞开自己的心扉，分享喜怒哀乐，那么孩子就能感觉到家长对他的信任和尊重，就会更加尊敬家长，向家长敞开心扉。

2.让孩子了解你的工作状况。

很多家长埋怨现在的孩子花钱大手大脚、不知道量入为出、自私自利，等等，但是家长却从来不会把工作、生活的艰辛告知孩子，因为孩子不知道家长是如何辛勤工作的，所以就不会把金钱与工作紧密地联系起来。

家长应该明确地告诉孩子自己在做什么工作，工作的内容是什么，所从事的工作对整个社会、国家甚至人类有什么意义，等等。现在，许多家长的确都很忙，但挤出一点时间来陪陪孩子，和孩子说说自己的工作细节，谈谈工作的酸甜苦辣，聊聊成功的幸福体验，对孩子来说是十分重要的。

3.告诉孩子你的隐私或秘密。

在家长眼里，孩子永远都是小孩，什么也不懂，很多事情告诉他们也没用。尤其是自己的隐私或秘密如果让孩子知道了，会是一件很丢面子的事情。其实不然，如果孩子知道自己的家长愿意跟自己分享隐私和秘密，便会更加信任家长，家长也就能更容易地走进孩子的内心深处。

4.让孩子知道你对他的期望。

家长对孩子的期望不能过高，过高了会对孩子造成压力和伤害。家长应该根据孩子的实际情况出发，对孩子确立合理的期待。家长应该让孩子知道对他的具体期待是什么，最好能够让孩子理解这种期待，明白这些期待并不过分。家长如果能够做到这些，那么孩子也一定会从家长的期待中汲取前进的力量，一定会努力成为一个不让家长失望的好孩子。

5.寻找合适的机会。

家长要多找一些机会和孩子一起活动。比如一起打篮球、一起去郊游，在这些活动中展示自己和孩子沟通交流。如果你以"孩子，让我们来谈谈"开始你们的谈话，那么结果往往是说话的只有你一个人，交流不会很好地进行下去。而如果家长在不经意间说出自己的看法，开始和孩子进行交流、沟通会更加顺利。

6.间接地提出问题。

直接提出问题，孩子可能会反感，间接婉转的做法也许会收到更好的效果。比如，一位妈妈询问心理医生，她的丈夫死后，孩子很伤心，她去安慰儿子，可儿子总是闭口不谈。后来，在心理医生的建议下，妈妈不再问孩子的感受，而是直接和孩子一起，提起自己对丈夫的思念，和孩子一起回忆一家人曾经的快乐时光。这样儿子反倒开口交流了，开始主动分担妈妈的痛苦，自己也不再那么郁闷了。

7.控制自己的反应。

向孩子敞开心扉的过程中，可能不是那么顺利，有很多令你不高兴或失望的事情发生，你必须很好地控制你的情绪。比如，当你兴高采烈地告诉孩子当年你如何发奋读书、如何优秀时，孩子却并不对你的努力表示赞赏，你可能会很失望，但无论如何，也不能表现出这种情绪。孩子都不喜欢让家长失望，如果你过分表现出失望，就会给孩子的心灵造成不良的反应，影响沟通的顺利进行。

总之，家长与孩子沟通一定要讲艺术，只有真诚地向孩子敞开自己的心扉，才能引起孩子感情上的共鸣，从而与孩子建立起一种相互信任的关系，使亲子关系融洽起来。

4. 听懂孩子的"弦外之音"，理解孩子的心

在一个闷热的下午，田蓉浑身是汗地骑着自行车在人流、车流中艰难地行进。女儿坐在田蓉的车后座，向她讲着在班里与同学闹别扭的事，劳累疲惫、心里正烦的她毫无反应地听着。

渐渐地，女儿的声音弱了下来。突然，她小声说："妈妈，我差点儿忘了，老师让买一盒橡皮泥。"田蓉不耐烦地说："早干吗去了，刚才路过文具店为什么不说！"谁知当她极不情愿地带着孩子返回文具店时，女儿竟然气鼓鼓地自己跳下车，恨恨地说："不买了，回家！"说完，头也不回地径直往家走。

一进家门，田蓉就冲到女儿面前质问她为什么这么不听话。女儿眼泪汪汪地望着她说："妈妈，你知道吗，我们小孩子也很可怜！"田蓉一下子愣住了，像遭到重重的一击。女儿

的小脸通红，哽咽着："妈妈，你们家长心烦的时候，可以冲我们发火；我们心烦的时候，找谁发火呢？你知不知道，我们有时也很难受……"孩子的话使田蓉的内心长时间都无法平静下来。

"我们也很可怜"，这句话使田蓉猛然惊醒，她知道，自己粗暴的态度已经伤害了孩子幼小的心灵。望子成龙的殷殷期望、缺乏兄弟姐妹的亲情沟通、繁重的学习压力……他们太需要心的交流和沟通了。许多家长常常忽视了这一点，而只关注孩子的学习，只看重每次考试的分数，却不知道这样做会不利于孩子心理的健康成长。所以，许多的孩子因此变得不愿和家长说话。在这种环境下成长起来的孩子，又怎么不会和家长产生代沟，又怎么不会心生隔膜呢？

从这以后，田蓉就开始有意识地给自己的心灵留出一块空间，去容纳孩子的喜怒哀乐。她知道不仅应该在学习和生活上关心孩子，更应该悉心地去体味孩子那一颗渴望得到理解的心。

从此，她与孩子之间的沟通越来越密切，代沟这堵墙在她们之间消失得无影无踪。

我们曾经也是孩子，也曾因为家长拒绝了我们的正当要求而难过，或因为一次误解遭斥责而伤心。这种伤害往往留下难以抚平的伤痕，有时甚至会伴随我们一生。今天，做了家长的我们，却因为工作、生活的压力和烦恼而把不良情绪发泄到孩子身上，全然不顾孩子的心理变化和承受能力，这是不应该的。

在家庭教育中要善听孩子的弦外之音，才能明白孩子的真实意图。而许多家长老是自以为是地评价孩子，总是打断孩子的话，使他们根本无法完整地表达一件事。更何况，家长的评价总是站在成人的立场上，有些评价对孩子来说也许不太适合。

家长应该做的是：认真听完孩子的话。这不仅是在对孩子进行平等做人、平等对待别人、平等对待自己的教育，也是走进孩子心灵的有效手段。然而做孩子忠实的倾听者，是需要付出时间和耐心的。作为孩子的家长，只有真正换位思考，对孩子的诉说才能认真听下去，才能在交流中产生互动。否则，没等孩子说两句话，就不耐烦了，那会伤了孩子的自尊心。

因此，作为一个称职的家长应学会倾听、乐于倾听，并善于倾听孩子的弦外之音，才能真正学会从孩子的倾诉中真切地感受和把握孩子的喜怒哀乐，真正了解孩子在想些什么，要求什么，希望什么；才能真正领会孩子的思想意图，分享孩子的快乐，真诚地为孩子的进步而高兴，为孩子的成功而喝彩；才能有效地用家长的体贴去化解孩子的烦恼，营造出充满爱意的温馨家庭环境，也才能赢得与孩子的真诚友谊。

倾听孩子弦外之音的最主要目的在于建立亲密的关系，帮助孩子发展健全的性格。

亲子关系品质的加强要依赖于倾听，除了建立亲密关系外，还能为孩子的成长提供良好的素材。孩子在人生旅途中会发展成什么样子与家长有很大的关系，但家长很难决定孩子这一生会走的方向，影响层面在于家长们提供了什么素材与对待他的方式。所以倾听孩子的弦外之音有两种目的：一方面让孩子发展健康性格；另一方面帮助孩子发展"人生脚本"。

有人说，教育就是不断消除误解的过程。倾听孩子的弦外之音，可以增进沟通，促进理解。一个孩子就是一个世界，家长都应学会倾听，倾听他们的话语，倾听他们的心声，倾听他们对世界的理解和对未来的梦想。

家长都想保护孩子，以免他们失望、受挫或与别人发生冲突，但家长不能将他们永远地置于自己的保护之下。家长能够做的就是帮助他们理解并处理不愉快经历的感受。通过与家长共同分担不愉快的感受，孩子将会减少伤害和压力，同时也逐渐增强了对自己情绪的控制能力。在面对挑战和日常生活中的失意时，他们将会做出较好的选择。

怎样才能更好地倾听孩子的弦外之音呢？下面介绍的几种行之有效的方法，以供家长参考。

接受和尊重孩子的所有感受。孩子向家长诉说时，家长应安静、专心地倾听，但不给予评判。家长不必接受孩子的所有行为表现，而只是接受他的感受即可。例如，孩子可能会告诉家长自己对小伙伴有多生气，但家长不能允许孩子通过嘲弄或打人来表达他的愤怒。

向孩子显示你正在听他讲话。孩子向家长诉说时，家长的关注表示自己对孩子的尊重和自己愿意分担孩子的想法和感受。当孩子开口向家长讲话时，家长应停下正在做的事情，转向他，保持目光接触，并仔细地听。同时还要通过点头或不时地用"嗯……""是的……"等来显示对他的注意。

告诉孩子你所听到的以及你的想法。不时地总结、重述或复述孩子所讲的关键内容，包括他的感受以及导致这种感受产生的情境原因。仅仅倾听和理解是不够的，家长还必须用语言对他所说、所想及所感的事情做出反应。但尽量不要逐字地重复孩子的话，应使用相似的语言来表达相同的意思。

对孩子的感受进行确认。在仔细听取孩子的诉说并观察其面部表情后，对他的感受进行猜测并试着确认。如果第一次的猜测不正确，再试一次。讲话时要尊重孩子，保持冷静，且语速要缓慢。当猜测不正确时，应鼓励孩子帮助家长纠正。

只有在帮助孩子确认其感受之后，家长才能给他提供忠告、建议或教他以不同的方式看待事情。如果家长先给予这些帮助，那将会妨碍孩子努力去表达和理解自己的感受。

总之，只有当家长真正理解孩子的表达时，才能和孩子进行有效的沟通。

5. 拥有家长积极关注的孩子不孤独

一天，某中学的校长气冲冲地对该校一位班主任说："我去上厕所，回到校长室，正好看到这个女孩在翻我的抽屉，手里有两枚一元硬币。"

班主任听后倒抽一口冷气，对这个女孩气急败坏地说："昨天你私进美术室拿走四罐橡皮泥的事还没有解决呢，今天居然……"班主任像泄气的皮球坐在凳子上，打量面前这个胆大妄为的女生：乱糟糟的头发，脏兮兮的衣服，光从外表看就是一个不惹人喜爱的孩子。

"你去校长室拿了多少钱？"

"就两元。"

"做什么用？"

"买铅笔。"

"为什么不问家长要？"

"他们不给，说我乱花钱，他们只喜欢弟弟。"最后那句话充满委屈。

放学后，班主任去了女孩家做家访。

女孩所谓的"家"只是一个汽车库，闷热、潮湿，屋里乱七八糟地堆满了生活必需品和劳动工具。

在与女孩家长的交谈中，班主任得知：女孩从小在农村长大，祖辈也甚为娇宠，为了上学才来大城市与家长一起生活，家中还有一个弟弟。家长在车站靠帮人拉行李、运东西谋生，每日起早贪黑、忙于生计，无暇顾及姐弟俩的生活，即使有空闲，也仅对家中的男孩关注多一些。于是，女孩便只能有脏兮兮的衣着、乱糟糟的头发，同学对其疏远也就难免了。女孩小时候也是被祖辈宠爱着长大的，如今在家中、在学校都备受冷落，幼小的心灵就这样迷失了。

女孩缺乏关注，得不到成人世界的肯定和鼓励，孤独的她需要用各种反常的行为来引起成人世界的关注，加之小时候在老人身边长大，难免任性，缺乏良好的行为习惯，家长又没有耐心和时间来关心教育她，她便迷失了方向。

关注是一种爱，至于爱有多深，就看你关注得有多深、多细致了。

每个孩子都需要从家长那里得到足够的重视。孩提时代缺乏家长关注的人往往自私、执拗，不懂得理解别人，也往往不信任自己。

其实，现在的独生子女都很孤独。家长把过多的精力放在了生活的忙碌和生存的压力上，好像这成了生活本来的意义和目的；老师忙于通过批改作业和加课来提高教学质量，好像这就是学生在学校的唯一目标。总之，人们无暇或疏于通过口头或肢体的语言向自己的亲人表达关注的情感。孤独的孩子有的沉默，有的内向，他们的成长尽管不缺乏物质的满足，不缺乏知识的灌溉，却缺乏应有的爱的关注。

孩子中除却少数优秀和少数后进的以外，其余的大多数都是普通人，他们不会有骄人的成绩，也不会有反常过激的行为，每天不需要家长和老师费多少心思。他们"乖乖"地生活和学习，教室里老师甚至感觉不到他们的存在，家里家长也只关注学习成绩。可能一学期老师都没有和他们谈过话，可能他们在家里和家长的谈话仅限于"功课做好了吗""考试成绩怎样了"等。谁来关注他们内心世界的波动和烦恼呢？他们的心理成长几乎是自生自灭的，或者可以说是在孤独中摸爬滚打的。

有人说，21世纪将是心理疾病高发的时代，我们的孩子将要面临一个压力空前的生存环境。家长应该尽可能地做出努力，每天给孩子多一分关注，让孩子远离因缺乏关注而造成的孤独情绪，别让他们在孤独中成长。

那么，家长该如何给予孩子积极的关注呢？

经常聆听孩子的倾诉，力争准确地理解并表述出对他的感受，使孩子感到他在家长心中所占的重要位置。

及时赞许孩子表现出的良好品行，使孩子有机会了解自己的优点、长处和进步，从而引起积极的进取愿望和信心。

在生活中，家长应尽可能多地抽出时间与孩子进行一些亲子阅读或亲子游戏之类的活动，活动中家长可以以"助手"或"顾问"的身份，给予孩子好的建议，引导他们提高活动能力和水平。

适当让孩子做一些简单的、力所能及的家务，让他们在劳动中体验自己的价值，并增强为家庭成员服务的责任感。

6. 聪明的家长不会"重成绩轻心理"

　　在五年级的一节劳动课上，老师在教学生缝制椅子垫儿。正好赶上"三八妇女节"，老师就号召同学们回家后给妈妈缝一个椅子垫儿。

　　老师说："妈妈平时关心你们，付出了很多心血，你们也应该关心自己的妈妈。送给妈妈一个自己亲手做的礼物，这是关心妈妈的实际行动。"孩子们听了，积极性很高。

　　楠楠听了老师的话，回家后顾不上做作业，翻箱倒柜地找出布啊，针线啊，忙了半天，辛辛苦苦地给妈妈缝了个椅子垫儿。

　　长这么大，他还从来没有为妈妈付出过这么多的劳动，他多希望妈妈会因为他变得懂事了而喜出望外啊。他在一针一针缝椅子垫儿的时候，想象着妈妈回家后看到这份特殊的礼物时的高兴劲儿。他想给妈妈一个惊喜，就把缝好的椅子垫儿先藏了起来。

妈妈下班回家，开口问道："写完作业没有？"

楠楠回答说："还没有呢。"

妈妈一下来了气："放学这么半天，你干什么了？"

楠楠说："妈妈，今天是'三八妇女节'，我给您做了个礼物。"说着拿出了藏在门后边的椅子垫儿。

他满以为妈妈会高兴呢，没想到，妈妈不但没有什么惊喜，反而一手抓过椅子垫儿，说："你弄这玩意儿干吗？不写作业。"边说边把楠楠忙了半天做的椅子垫儿拆了。

楠楠当时气得直哭，他对妈妈的一片爱心被妈妈粗暴地伤害了。他万万没想到妈妈会这样。他大失所望，不明白妈妈怎么就不懂自己的心。

如果你依然拥有一颗童心，一种孩童的眼光，这实在是令人高兴的事情。如果你已经丢失了它，请努力把它找回来。

童心的失而复得是人生的一种新境界。只有在这种境界里，你才可能走进孩子的心灵世界，成为孩子的心灵导师。物质上的给予比不上一颗真诚的心，用心去和孩子沟通吧。

教育家经常说，教育要"抓住时机"。

对上例中的妈妈来说，孩子亲手给自己缝椅子垫儿，这是一个多么好的教育时机！它的意义远不止于孩子会干活儿了，其意义主要体现在人的情感上，在孩子的一针一线中浸透着孩子对妈妈的爱和关心，浸透着孩子对妈妈的感情回报。这是一个多么好的母子情感双向交流的机会呀！

专家在对中国和澳大利亚的一些家长进行测试和比较之后，发现中国家长与澳大利亚家长有一点非常明显的差别。那就是，中国的家长最重视孩子是不是听话，是不是认真、刻苦地学习，是不是遵守纪律等，相对来说不太重视孩子的情感和情绪表现。而澳大利亚家长却把孩子的情绪、情感放在相当重要的位置上，非常重视孩子平时的情绪状态，如孩子是不是高兴、乐观等。专家们把这种现象称作"文化差异"。

你到医院去，说"我病了"，医生会问："哪儿不舒服？感冒发烧，还是哪儿不合适？"如果你说："我心情不好，老是不高兴。"医生会说："你回家吧，我治不了。"他认为你没病。

但是，如果在某些西方国家，医生听到你说这句话，他一定会非常重视，会认真地建议你去找一个精神科医生看一看。因为在他们那里，如果一个人情绪、情感上出了问题，会被人们当作大问题。

这种文化差异给我们的启示之一，就是我们要不要适当地转变一些家庭教育观念？比如，你望子成龙，这并没有错，谁不希望自己的孩子将来有出息？但是，孩子整天坐在那里写啊，念啊，学习，学习，再学习，他就能"成龙"吗？如果他的情绪、情感发展不正常，如果他不善于和别人打交道，如果他的"努力"和"勤奋"都是被强迫的，如果他不诚实守信，如果他冷漠无情，不善于理解别人，他将来会怎样？

教育，不要忽视心理的、思想的教育。重才轻思想，是悲剧的根源之一。

家长如何关注孩子的心声呢？

首先，最好自己也"长不大"。

孩子喜欢活泼幽默的家长。在孩子面前，我们做家长的，如果像他们一样爱玩爱闹，孩子就把我们当成无话不说的朋友了。为什么不少孩子喜欢一些外教，就是因为他们从里到外都像孩子，孩子能不喜欢孩子吗？特别是充满幽默感的"大孩子"。

懂得情趣，懂得换花样跟孩子沟通。正面的谈话方式是可以的，但这样的沟通往往被家长演化为"说教"，结果只会让孩子觉得你啰唆，觉得你烦。所以，多给他们讲故事、谈看法、论时事，在潜移默化中影响他们的思想，这很重要。

沟通，还有一种方法，就是跟孩子共同读一本书，各拿一张纸，把看书的感受和认识写下来，这种互相学习的感觉非常好。有心的母亲最好把这些读书笔记订起来，保留一份最珍贵的亲子沟通记录。

其次，尊重自己的孩子。

我们经常可以看到这样的画面：一个孩子因为某件事对母亲谈着自己的看法，孩子仰视着母亲，一脸的严肃和专注，而母亲却在忙着手里的活计，一副漫不经心的样子。孩子正讲到激动处，母亲却一声呵斥："你懂什么，小孩子家！"孩子立即低下了头，眼里闪着泪花。

这样的画面太多太多了，或许我们就时常扮演着那位母亲的角色。这种时候，孩子的内心在想些什么呢？成年人都有希望得到别人尊重的需求，那么作为独立个体的孩子是不是就不需要尊重呢？

在日常生活中，我们首先要站在孩子的立场上，设身处地体验孩子的真实感受，多一分对孩子的理解，少一分对孩子的训斥。只有这样，才能加强亲子之间的沟通，创造出孩子成长的宽松氛围。只有这样，你才可能走进孩子的心灵世界，成为孩子的心灵导师。

最后，做孩子最好的朋友。

一位母亲经常对孩子说："你和妈妈是好朋友，你的喜怒哀乐牵动着妈妈的心：你高兴，妈妈就快乐；你遇到不顺心的事情，妈妈会比你更难过的。无论你遇到什么事情，妈妈都会给你出主意，一同和你商量解决的办法，绝不会因为你的所作所为而痛骂你的。"因此，她的孩子对她很信任，也愿意和她讲真话。

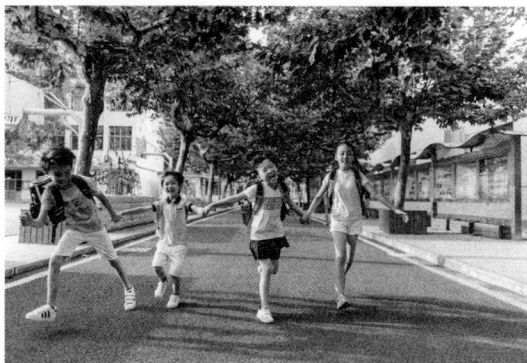

第二章

培养孩子的个性其实不难

1.逆反：我只是在用行为告诉你"我正在长大"

　　宁宁的妈妈很为孩子的教育问题头疼。她找到老师诉说："我和她爸爸都是20世纪60年代出生的人。我们根本不明白现在的小孩在想什么，我和她爸爸虽然都是知识分子，但是在和孩子的沟通对她的教育上，实在太失败了。"宁宁妈妈的话语里有着太多的无奈。

　　"我们都是从那个困苦的年代过来的，如今生活好了，把大部分时间都倾注在孩子身上，但是这些不但得不到女儿的认可，她还经常和我对着干，我觉得这孩子真让人伤心。"宁宁的妈妈提起自己的女儿眼圈红红的。

　　但是，和宁宁交谈的时候，老师发现这个小姑娘很有自己的一套想法。"我妈就会给别人讲，她多辛苦，我多不理解她，可她理解我吗？偷看我写的日记，不让我接男同学的电话，同学过生日，她又死活不让我去，整天唠叨我的不是，什么都得听她的，凭什么呀？我长大了，才不想被她牵着鼻子走呢。和家长有什么好交流的，结果还不一样？他们要的只是一个听话的木偶。"宁宁把这些话一连串地说了出来。

其实，在我们的周围，宁宁和她妈妈的困扰很常见。一些正值青春期的孩子，反抗性极强，他们常常爱激动，乱发脾气，与大人唱反调，这是因其自我意识开始树立，做事要按自己的意愿办，如果大人稍加约束，他们就会产生反抗心理。

处于青春期的孩子视野更开阔了，自主意识更强了，不再像以往的孩子那样时时处处听从家长的命令。他们已经有了自己评判事物的标准和看待问题的特有角度。这些特有的标准和角度在他们同龄人之间心领神会，但在一些家长的眼里却是混沌一片、不知作何解释。一些家长渴望探个究竟，随时随地都想监控自己的孩子，而孩子随时随地又想摆脱家长的监控。在监控与反监控的较量中，世代沿袭的家长的权威和地位正经受着前所未有的质疑和挑战。孩子们对于家长的一言九鼎的管教方式产生了强烈的逆反心理，觉得自己干吗非得听你的。

而逆反心理就是指人们彼此之间为了维护自尊，而对对方的要求采取相反的态度和言行的一种心理状态。孩子到十二三岁的时候，往往容易产生一种与家长相抵触的情绪。他们心里有话宁愿与同伴说，也不愿与家长说。对于家长的好心批评、劝导，他们动不动就反驳、对立，让一心爱他们的家长惊诧不已、心痛不已。孩子的这种逆反心理绝不止是个别人的偶然冲动，而是一种值得现代家长普遍关注的现实。

孩子有了逆反心理，经常是你要我这样，我偏不这样，反而要那样。这种情形让家长很恼火，家长越恼火就越发训斥他们，但家长的训斥起不了什么规劝作用，反而更增加了他们的反感情绪。家长这时不能正确理解、谅解孩子的逆反心理，孩子很容易就会走上逃学、离家出走，甚至犯罪的道路。家长对此不能粗枝大叶、听之任之。

孩子之所以产生逆反心理，有着内外两方面的原因。一是因为十来岁的孩子正处于人生的过渡期。这时，他们的独立意识和自我意识日益增强，希望摆脱成人的监护和束缚，反对成人再把他们当小孩看。为了表现自己的非凡的思维和能耐，他们喜欢对任何事情都采取批判、否定的态度。然而事与愿违，当他们发现外界始终无视他们的独立存在，对他们的自我表现一概否定或根本不感兴趣时，他们又会采取更尖锐、更极端的方式来证明自己的与众不同。这是孩子逆反心理产生的内因。二是家庭、学校的因素。比如老师、家长的教育方法不当，没有顺应他们的生理和心理发展的需求，对他们提出了不切实际的要求，使他们身心疲惫、不堪重负，于是就产生了强烈的对立情绪，故意跟老师、家长对着干。这是孩子逆反心理产生的外因。

其实，所谓的逆反心理不是一种异常现象，它是由于父辈和子辈之间价值观的不一致而产生的正常的心理过程。一般来说孩子在发育的过程中会有两个逆反期。第一反抗期是在三四岁的时候，这个时候由于儿童的自我意识的发展，说话、运动、认识事物能力的发展，他会感到有些事情自己可以做了，所以跟母亲的教育观点就会产生冲突。第二反抗期是在青春期前后。从心理发育的角度来说，这都是孩子的正常心理发展，但对母亲来说，会觉得孩子在对抗自己。

许多母亲都觉得自己的孩子有逆反心理对其身心健康不利，但逆反心理并非一无是处，它虽有妨碍孩子身心发展的一面，但也有很多正效应，甚至是包含许多积极的心理品质。逆反心理包含诸如自我意识强、勇敢、好胜心强、有闯劲、能求异、能创新等积极的心理品质。现代社会充满竞争，迫切需要具有创造性思维，眼界开阔、能进取的人才。因此，母亲要善于发现逆反心理中的创造性品质和开拓意识，并合理引导。只要引导得当，逆反心理是能够在对孩子的教育中发挥积极作用的。

逆反心理在某种程度上能防止一些不良品质的形成。逆反心理强的孩子在不顺心、烦闷、压抑、不满意的时候，敢于发作，能使不愉快的心情和不利于身心健康的负面情绪不至于长期滞留于心中得不到释放。他们不会有畏缩、压抑的心理，也不会懦弱、保守、逆来顺受。这样能起到维持身心健康的作用。

那么，对待有逆反心理的孩子，家长们应该如何沟通呢？

1.用"平行交谈"的方式与他们沟通。

交谈可以使双方互相沟通，只有沟通了才能相互理解。但是，交谈必须建立在双方平等的基础上，你可以以朋友的身份与孩子"平行交谈"。家长用"平行交谈"的方式跟青春期的子女谈话，往往能引起热烈回应。"平行交谈"的意思是家长与子女一面一起做些普通活动，一面交谈，重点放在活动上，而不是谈话的内容，双方也不必互相看着对方。这种非面对面的谈话方式会让家长和孩子都感到轻松自在。家长与孩子的谈话内容，最好是多谈一些如何学会求知识，学会做事，学会共处，学会做人等。在交谈中，还要注意从事情到关系、从事情到感情、从一般到特殊等原则，从而使孩子与家长之间什么话都交谈。

2.营造聆听气氛，做孩子的顾问。

家长要设法让孩子觉得那样做是很自然的。其诀窍就是让家里时时刻刻都有一种"聆听的气氛"。这样，孩子一旦遇上重要事情，就会来找家长商谈。要达到这个目的，其中一个好方法就是经常抽空陪伴孩子。如利用共聚晚餐的机会，留心听孩子说话，让孩子觉得自己受重视。学会做孩子的顾问，只细心聆听，协助抉择，而不插手干预，仅建议改弦更张。

3.不给孩子过分的爱。

青少年时期是渴望独立的时期，过多的保护会使孩子内心烦躁不安，产生抵触情绪，报复和逆反心理会日趋严重。应该允许孩子有自己的秘密。拥有"秘密"是他们感悟自我、体验成长的重要方式。

4.让孩子有自己的空间。

过多地干涉实际上是家长对孩子不信任、不尊重的表现，它会使孩子受到伤害。理解和尊重才是构成良好亲子关系的基础。不要无所不问。作为"新新人类"的孩子通常不会把很多有关自己的事告诉家长。如果你的孩子也是这样，你应该把孩子告诉你的任何事情都视为礼物，加以珍视。

2. 注意这些表现，你的孩子正在自卑

你一定听说过"丑小鸭实验"吧？心理学家罗森塔尔来到一所乡村小学，给各年级的学生做语言能力和推理能力的测验，测完之后，他没有看测验结果，而是随机地选出20％的学生，告诉他们的老师说这些孩子很有潜力，将来可能比其他学生更有出息。8个月后，罗森塔尔再次来到这所学校。奇迹出现了，他随机指定的那20％的学生成绩有了显著提高。

为什么呢？是老师的期望起了关键作用。老师们相信专家的结论，相信那些被指定的孩子确有前途，于是对他们寄予了更高的期望，投入了更大的热情，更加信任、鼓励他们，反过来这些孩子的自信心也得到了增强，因而比其他的80％进步得更快。罗森塔尔把这种期望产生的效应称之为"皮格马利翁效应"。皮格马利翁是希腊神话中的一位雕刻师，他耗尽心血雕刻了一位美丽的姑娘，并倾注了全部的爱给她。上帝被雕刻师

的真诚打动了，使姑娘的雕像获得了生命。

也许你的孩子总觉得自己是个"丑小鸭"，登不上大雅之堂，或者因为家庭拮据变得郁郁寡欢，其实这些都是青春期的自卑感在作怪。

因此，一个人若被自卑感所笼罩和统治，他的精神活动就会遭到严重的束缚，从而使聪明才智和创造能力受到严重的压抑，无法发挥自己的作用。这种心理长期发展下去，就会导致一个人颓废、落伍、心灵扭曲，甚至产生错误的人生态度。

进入青春期后，青少年开始越来越关心自我，越来越密切地注视自己，很自然地就常常拿自己与周围人比较，很想肯定自己，处处能赶超别人，使别人能对自己刮目相看。正是在这样人与人的比较中，个人很容易判断出自己与别人的上下高低，这虽然有着促人奋进的积极一面，但由于青少年常常情绪化，看事物很容易以偏概全，一旦在比较中感到自己与别人距离过大，或是比较之后通过自己努力还是达不到自己愿望的时候就会产生挫折感，会一荣俱荣、一损俱损，变得心灰意冷，产生自卑心理。

每个人产生自卑感的根源并不一样，产生的原因是复杂的。

生理上的原因。一个人的相貌、身材、体重、肤色等，都可能导致自卑感的产生。有些女学生常因为自己长相不够漂亮，或者身材矮小、肤色黝黑而感苦恼、自卑；还有的女学生甚至会因为自己的汗毛重，或者脸上长有几颗雀斑、一颗痣而感到自卑。男学生中，因为身材不够高大、魁梧而感到自卑的也大有人在。至于那些有先天性生理缺陷的人，如聋、哑、盲、肢残等，存在自卑感的现象就更普遍了。

性格上的问题。有自卑心理的人，性格比较内向，自尊心较强，自信心不够，容易因一时的失败而灰心丧气，甚至自暴自弃。有的人易烦躁、焦虑，无法安下心来学习做事，他们看到别的同学学习成绩好，组织能力强，很羡慕，希望自己也能那样，但性格与能力并不是一下子就能改变的，为此他们自我烦恼，并深深自卑。

成人的贬抑性评价。母亲是孩子第一任老师，而老师又是学生心目中的权威，因此，母亲与教师对孩子的评价都会对孩子产生巨大的影响。特别是贬抑性的评价："太笨""脑瓜不开窍""饭桶""蠢驴"等，都可能严重挫伤孩子的自尊心，使他产生自卑感。

个人生活条件不尽如人意。有的青少年因为家庭经济条件差感到自己不如他人；有的因为母亲职业问题而感到自卑；有的因自己没考上重点学校或不是重点班的学生而感到低人几等；有的因自己家住农村而从不在别人面前谈论自己的家庭情况。

实践中经常遭受失败和挫折。这是导致自卑感产生的根本原因。失败和自卑，往往如影随形，互为因果。失败可以引起自卑，自卑又会增加失败。所以，经常遭受失败和挫折的人，自信心会日益销蚀，而自卑感也日益严重。

不能正确认识自己。每个人都有他理想的自我和实际的自我。而实际的自我又有主观的自我和客观的自我。自己对自己的看法就是主观的自我，别人对自己的看法则是一种客观的自我。如果主观的自我远低于客观的自我，那么这个人就是缺乏自信，他们往往自我认识不足，过低估计自己。当某种能力与缺陷受到周围人的轻视、嘲笑或侮辱，这种自卑感会大大加强，甚至以畸形的形式表现出来，如自杀等。

有自卑心理的青少年又会显得更为敏感，他们的自尊心、自信心，因自己一事做不成，很容易受到伤害，特别是学习上，成绩和智力上比不过同伴时就常常无法坦然接受现实去踏实学习，而是显得急躁、压力重重。自觉体貌上不够理想也常常让他们滋生烦恼，有时因为自己身体的急速成长而不知所措，如觉得自己太胖，太高、太矮，眼睛太小，等等。所以说，自卑感更确切地说其实是一种信心不足。

成人的贬抑性评价，是使孩子产生自卑感的一个重要的外部刺激因素。因此，母亲要注意不要轻率地评价孩子，尤其不要随意贬低他们的能力或品质，以免损害他们的自尊心和自信心，而要多给以褒扬性的评价，即表扬和鼓励。

家长要帮助孩子对自己的长处和短处进行实事求是的分析与评价，要帮助孩子发现自身的长处，不要把别人看得十全十美，把自己看得一无是处，这样就减少了产生自卑的诱因。目前看来，在青少年中主观随意虚构而造成的自卑感占有很重要的成分。主观虚构的自卑是指对他人根本不曾留意或不曾觉察的事情，自己胡思乱想，疑神疑鬼，怀疑别人对自己态度冷淡，鄙视自己的缺陷，看不起自己等。因此，要帮助孩子正确认识与评价自己，不要让孩子被主观臆造的自卑感所困扰。

家长如果想要帮助自己的孩子从丑小鸭变成白天鹅，那么就请认真看下面的提示。

1.对孩子微笑，并让孩子对自己微笑。

告诉孩子：人生是变幻的，逆境也绝不会一成不变。也许，今日的逆境，将会造就未来的成功。逆境可以磨炼我们坚毅的品质，并让我们对人生进行深层次的思考。

同时，在微笑中我们能吸取失败的经验，轻轻松松地迎接下一次挑战。你可以微笑着告诉孩子，也让孩子微笑的告诉他自己："一次失败不能证明全部失败，只有放弃尝试才必定失败。"

2.努力增强孩子的自信心，对孩子进行积极的自我暗示。

自卑是失败的俘虏，不战自败。所以，要经常让孩子保持一种信念："我也能！""我行！""不信，做给你看！"恰到好处地自我暗示，就是在自己的心田上播种自信，消除自卑的莠草。

为了增强自信心，可以有意识地、实事求是地把孩子的优点和长处列成一张表，以便时时提醒孩子。

3.确立合乎实际的目标，注意自我激励。

自卑往往是由于失望而产生的，而人的失望情绪又与人对某件事的期望程度相关。

事先的期望值越高，事后因结果不理想、目标未达到而产生的失望程度也越深。因此，不管做什么事情，不可操之过急，目标不可定得太大太高，不然就易于受挫。如果目标本身较大较高，可将它分解为一个个子目标，这样就易于打胜仗，而每次成功都对自己是一种激励，这有利于提高自信心。

4.拓展孩子的交往圈。

自卑的孩子多数孤僻、不合群，自己把自己孤立起来。心理学家认为，当人独处时，心理活动就会转入内部、朝向自我。自卑者长期独处，心理活动的范围、内容会变窄变小，只能翻来覆去在某几个问题上转，加上个人认识的局限，就会使心理活动走向片面，从而陷入深深的自卑之中不能自拔。而在与人积极交往过程中，自己的注意力会被他人所吸引，心理活动就不会局限于个人的小圈子里，性格就会变得开朗。此外，通过与人交往，我们就能正确认识他人的长短处，并通过比较，正确认识自己，调整自我评价，学习他人的长处，从众模仿他人的行为，减少自卑感。

5.剔除孩子的消极用语。

留意一下你的孩子是不是经常使用一些消极性的自我描述用语，如"我就是这样""我天生如此""我不行""我没希望""我会失败"等。

如果他们总是把这些消极用语挂在嘴边，就只能使他们更加自卑。帮助孩子把这些句子改成"我以前曾经是这样""我一定要做出改变""我能行""我可以试试""这次会成功的"，并且要经常让孩子对自己说或写下来贴在孩子房间的床头和书桌上。

6.引导孩子学会"扬长避短"。

对那些让孩子自卑的而经过自己努力后仍难以有大的长进的方面，就让孩子放弃它，并有意识地积极寻觅并发展自己的优势，用精力与时间去培植它，让这方面的成绩辉煌起来。而与人交谈和交往的活动中，要让孩子尽可能选择自己擅长的话题与活动项目。这样不仅有话可说，甚至滔滔不绝，充分显露自己的一技之长，从而体验到"我能胜任"的愉悦感。这样也会让孩子因此而自信起来，以达"失之东隅，收之桑榆"之效。

3. 告别独来独往，让孩子成为合群的交际高手

1954年，美国做了一项实验。该实验以每天20美元的报酬（在当时是很高的金额）雇用了一批学生作为被测者。

实验内容是这样的。为了制造出极端的孤独状态，实验者将学生关在有防音装置的小房间里，让他们戴上半透明的保护镜以尽量减少视觉刺激。接着，又让他们戴上木棉手套，并在其袖口处套了一个长长的圆筒。为了限制各种触觉刺激，又在其头部垫上了一个气泡胶枕。除了进餐和排泄的时间以外。实验者要求学生24小时都躺在床上。可以说，这样就营造出了一个所有感觉都被剥夺了的状态。

结果，尽管报酬很高，却几乎没有人能在这项孤独实验中忍耐3天以上。最初的8小时好歹还能撑住，之后，学生就吹起了口哨或者自言自语，有点烦躁不安了。在这种状态下，即使实验结束后让他做一些简单的事情，他也会频频出错，精神也

集中不起来了。

据说，实验后得需要3天以上的时间才能回到原来的正常状态。实验持续数日后，人会产生一些幻觉。例如，看见大队花栗鼠行进的情景，或者听到有音乐传来，等等。到第4天时，学生会出现双手发抖，不能笔直走路，应答速度迟缓，以及对疼痛敏感等症状。

通过这个实验我们明白了一点：人的身心要想正常工作就需要不断地从外界获得新的刺激。

有位哲人曾说过："没有任何人会像青年人那样深陷于孤独之中，渴望着被人接近与理解，没有任何人会像青年那样站在遥远的地方呼唤"。青春期是儿童向成人转变的过渡阶段。青少年总想一夜之间成熟，在同学中想成为被接纳和喜爱的人；在成人面前希望得到尊重和信任。他们渴望和别人探讨交流又不愿敞开心扉。独立意识和自我意识的发展导致青少年产生许多独特想法和美好向往，而这些想法往往被人否定，认为是"幼稚无知"，青少年便将内心封存起来，最终导致孤独。

儿童时期，人慢慢认识到别人与自己的区别，虽然也有害怕、担心、寂寞等，但因为自我认识相对不是很强，所以，只要有人做伴就能消除以上感觉。但进入青春期，伴随着生理上的发育、成熟，在心理上，也发生着急剧的变化。他们的注意力从外部世界逐渐转向自己的内心世界，他们发现了一个新奇、纷繁复杂的"世界"，他们为自己生理上的变化而感到惶惑和恐惧，为心理上的"成熟"而兴奋和焦急，他们渴望了解这个世界，陷入空幻的冥想和自我反省之中。

一方面，他们害怕别人发现、侵扰自己这块神圣的"领地"，于是本能地将自己闭锁起来，闭锁性是这时期最主要的特征；另一方面，他们又极其渴望得到别人的理解、关怀。自我意识的觉醒，使他们开始摆脱母亲的监护，追求自我独立，他们自认为已经成为"大人"，然而他们毕竟还是"孩子"，在强大、复杂的社会现实面前，他们显得是那样的软弱无力，那样的不堪一击，更由于他们的闭锁性，使人们难以了解他们内心深处的真实思想，而失去别人的帮助和理解，这就使他们陷入迷茫、痛苦和孤独之中。在他们看来没有人能够理解他们，事实上，当自我发展，主体的独立性形成的时期，也正是主体孤独感产生的时期。

正值豆蔻年华的少男少女体验到孤独其实并不可怕，这正是自我意识觉醒的一种表现。孤独感乃是一种封闭心理的反映，是感到自身和外界隔绝或受到外界排斥所产生的孤伶苦闷的情感。当你不能按照自己的意愿或计划行事；耽于梦想，而又不可能实现；和亲人分离或经历亲人死亡的打击；内心有难言的羞耻；被你想加入的小团体排斥；被他人嘲笑或轻视；处处和他人意见不合而不能融洽自然地相处；不敢向他人吐露心事，因为害怕会被人嘲笑，泄露自己的秘密，受人冷淡而得不到同情；被家长限制了自己的活动和交往；新的环境改变了你的生活；铸成一生中的大错而悔恨不迭或自惭形秽；对别人做的一切都不感兴趣或不想去做；无聊空虚，不知该做什么；怯于和他人交往或交谈；觉得"没人理解我"时，孤独感就会悄然而至。每个人在一生中都或多或少地体验到孤独感。

孩子的孤独感并非一无是处。青春期的孤独是心理成熟的标志，它意味着一个人开始把自己的兴趣从对外界事物的关注中撤回来，返回到了自我，试图了解自己是怎么一回事，思考人生的意义和价值。这种将目光转移到自我内心体验，是一件好事。正确地理解孤独，勇敢地正视孤独，是一个强者的风范；从孤独中，青春期的孩子得以走进自己的内心深处，重新认识自己，把握自己；从孤独中，青春期的孩子得以冷静地对身边发生的事物进行分析和思考，适时调整自己的行为，获得最佳的人生设计。

那么，家长们应该如何做呢？

1.告诉孩子在个体上他是独一无二的，但在世界上他同别人一样。

告诉孩子，他的喜、怒、哀、乐，别人包括做母亲的你也都曾有过，不必过于留心自己的体验，要学会不以物喜，不以己悲。凡事都要保持一颗平常心，要努力向外部世界伸展，外面的世界很精彩。

2.尽力改变孩子原来的环境。

当孩子一个人的时候，给他安排一些感兴趣的事情，读读书，听听音乐，从事自己的业余爱好，等等。每个人都会有孤单的时候，在属于自己的时间里满足自己的兴趣爱好，乃是人生的一种乐趣。

3.与孩子分享他正在思考的问题。

分享是人生的宝贵财富，是一种难得的心理满足。当我们的喜、怒、哀、乐被人分享时，我们就会感到喜上加喜，悲伤也会大大减轻。同理，当母亲分享孩子的各种情感时，孩子同样会产生莫大的心灵安慰，而母亲也会从中得到精神的满足，进而使孩子摆脱孤独的情绪。

4.指导孩子积极主动地接近别人。

积极主动地接近别人的最好方法，便是关心、帮助别人。当你看到周围的人有为难之处的时候，如果能主动伸出手去帮一把，很可能就为自己赢得了一位朋友，从而也帮助自己摆脱了孤独。

5.帮助孩子通过改变自我而获取朋友。

没有人会喜欢整天愁眉苦脸的人，也没有人会喜欢一脸清高孤傲的人。如果你想要孩子拥有友谊和朋友，那么你就需要帮助孩子在某种程度上改变他自己。指导他学会倾听别人讲话，学会将心比心，学会礼让平和，学会说话的时候多强调他人而不是"我"自己，那么很快你的孩子就会拥有大量的好朋友。

6.将分享作为财富赠与孩子。

其实，孤独与分享从来就是统一的，不能截然分开，而两级相通从来都是事物的普遍规律。只有从分享走向孤独，才会体会孤独之深沉，只有从孤独中走向分享，才能由衷感到分享之美好。一个从来不知分享别人的人，便永远体会不到孤独的真正内涵；而一个不知孤独的人，也必将不懂分享的乐趣。家长不但要学会分享孩子的心思，还要帮助他们学会分享别人的心思，进而在孤独与分享间体会他们的快乐。

4. 不要忽视孩子的嫉妒心，让孩子学会喝彩

　　小瑞翻阅日记时发现，近来丝丝这个名字频繁地出现在她的日记本中。这个名字出现的次数竟然高达13次之多，远远多于小瑞在日记中提及的其他人。丝丝这个名字从丝丝第一次到小瑞班级时就开始出现在小瑞的日记中。"她脚上居然穿着一双及膝的靴子。我第一个感觉就是强烈地渴望那双靴子是穿在自己脚上的。那一整天，我的眼睛始终没有离开过那双靴子。"小瑞在日记中如此描述。

　　更为糟糕的是，那双靴子只不过是一个开始。丝丝买的衣服全都是从市里最好的商场里买的，而小瑞，从来只是在那里打折的时候才能去淘衣服。丝丝居然还有耳洞，戴着耳环。更让人受不了的是，在丝丝生日的时候，她家长居然送给她一只装在古董鸟笼里的金丝雀。虽然以前小瑞从来没有过养金丝雀的念头，但那天以后，小瑞觉得世上最值得期待的莫过于拥有

一只属于自己的金丝雀了。

在表面上，小瑞和丝丝是好朋友，但事实上她却是带给小瑞最多伤害的人。在小瑞的日记里，小瑞明明白白地流露出了这一点，尽管这些文字让小瑞觉得有些脸红，但小瑞的确认为丝丝不过是一个非常自傲的人，是一个让小瑞受不了的人。

是的，这就是嫉妒。这就是一种大多数人在青春期都有过的情结。这种强烈的想得到别人所拥有的东西的欲望，折磨过大多数人，虽然承认起来需要一点勇气，但事实上，没有人能够否认，我们的确有过想得到别人所拥有的东西的念头，别人的头发，别人的成绩，甚至别人的家长。无数次地在心里默念，希望一觉醒来，这些梦寐以求的东西就属于自己。

青少年常常喜欢与他人作比较，但当发现自己在才能、体貌或家庭条件等方面不如别人时，就会产生一种羡慕、崇拜，奋力追赶的心情，这是上进心的表现。但有时也会产生羞愧、消沉、怨恨等不愉快的情绪，这后者就是人的嫉妒心理。当这样一些青少年开始顾虑到自己的专长，注意起同学的成绩以及别人对自己的评价时，嫉妒就会特别敏感地表现出来。这主要是因为青少年心理发展尚未成熟，对自己各方面能力还认识不足，遇上比自己能力强的人时就会感到不安。另外，青少年若是过于以自我为中心，常常更多关心着的是自己，待人中缺少纯朴的善意，处处想表现自己的优越，特别是当自己帮助过的人超过自己时就会强烈希望别人在某一方面不如自己。

青少年嫉妒心理的内容主要有以下几个方面：

学习、工作。学业优秀、人际交往能力强、工作出色的人往往成为被嫉妒的对象。

爱情。爱情是青少年开始接触的一个问题。爱情本是一种美好的情愫，却容易把双方烧得头脑发昏，走向嫉妒的极端。可以这样说，爱情与嫉妒是一对双胞胎。轻微的嫉妒可以促进爱情，一旦炉火过盛，就容易把爱情之花烧得枯萎，甚至导致杀人或自杀的严重后果。

才貌。才貌是指天生的智慧及外貌。优秀的才能和俊美的容貌容易使人得到幸福和成功，而才貌较差者则要为此付出巨大的努力。嫉妒心理便由此而生了。

黑格尔曾经说过：有嫉妒心理的人，自己不能完成伟大的事业，乃尽量低估他人的强大，通过贬低他人而使自己与之相齐。

——当你的孩子嫉妒别人时

1.保持坚定沉着，不断地给孩子打气。

当孩子在嫉妒别人有一头秀发时，你可以不停地对孩子说："是的，她的头发的确很美，可是你的眼睛也不错呀。"然后孩子就有了忽视和忘记的理由，换句话说，让孩子学会自我满足和陶醉,但切记不是自欺欺人,否则只会更沮丧。当嫉妒快要将你的孩子击垮的时候,一定要沉着地将孩子所有优点列成一张清单。你和孩子都会发现,原来他是如此优秀。

2.杜绝孩子造谣生事、恶意攻击的言行。

妒火攻心,气急败坏,急欲给对方点颜色瞧瞧,以为会破坏对方的优势。但是往往这类谣言、恶语最终都会真相大白,随之而来的是自己人格形象的一落千丈。当你的孩子知道这种行为的严重后果时,恐怕他就不会继续他的行动了。

3.培养孩子惺惺相惜的情操。

武侠小说中常常看到这样的情节:隐居世外的高人,若干年后遇到青年才俊,竟然能与自己抗衡,于是将自己一身绝技倾囊相授。这一人群前进的动力并非来自嫉妒,他们由衷地欣赏对方,在相互切磋和美好的感觉中实现了自身的目标,因此惺惺相惜者之间多半不会心存嫉妒。

4.列出对孩子最重要的东西。

嫉妒是因为别人拥有了我们想拥有的东西。而人们总是不清楚自己真正想拥有什么,总是为一些小事而伤神。如果我们每个人都能想得更长远一些,身边有些事就不再会牵动你的情绪。因为你知道你自己想要什么,也知道自己拥有什么。这样你就能成为一个从容而豁达的人。而嫉妒通常对这种人是无可奈何的。一定要告诉你的孩子：不要嫉妒别人拥有的东西，有时候那并不是你真正想拥有的。要知道什么才是对自己最重要的。

——当你的孩子被别人嫉妒时

1.让孩子学会示弱。

很多人在某些方面要比你的孩子更优秀，他并不需要你孩子的帮助来实现自己的进步。对这类人，你应该让孩子首先承认对方的优势，也要让孩子认清自身的优势和弱点。

2.用事实说服嫉妒者。

一些不明就里的嫉妒者往往只看到了事物的一面，他们往往认为优秀来自于命运之神对你的孩子特别的眷顾和垂青，他们没有看到在孩子优秀的背后，是刻苦努力，是酸甜苦辣，是更多的付出。人们往往并不嫉妒靠辛勤耕耘得到收获的人，他们嫉妒的是周围的幸运儿们。因此，你只要让孩子说出自己付出努力的事实就可以了。

3.让孩子学会关心和鼓励他人。

处在嫉妒当中的人，表面看来气盛火旺，但内心却极为脆弱。嫉妒往往也不是他们故意用来针对别人的武器，而是保护自己的防卫工具，就如刺猬之刺。这种情况下，关心和鼓励往往是双赢的策略。但这种关心和鼓励，不要太明显，以防使对方难堪，"随风潜入夜，润物细无声"，要用细节的点点滴滴化解对方的嫉妒。

4.显出自身的缺点。

适当的时候，适当的场合，让孩子故意显示一下自己无伤大雅的缺点。实验证明，人们喜欢有点小毛病的人甚于完美无缺的人，因为有点小毛病的人既具有令人喜欢的气质又不会给人带来压力。同时，在适当的时候让孩子请求对方的帮助，表现出对对方能力的肯定。因此，示弱是以退为进消除身边嫉妒的良好方法。

5.心理太脆弱怎么办，孩子可以一边受伤一边坚强

看看你的孩子是否有以下几种反应，如果回答为"是"，那么你要小心，你的孩子很有可能正在受到挫折的折磨。

焦虑。常常表现出烦躁不安、厌食、失眠、健忘、喜怒无常等症状，伴有恐惧和不安的表现。

直接攻击。对准引起挫折的人或物直接发起攻击，如怒目而视，开口骂、动手打，以解心头之恨。

间接攻击。撕本子、摔文具或在同学中间无端地发泄，把攻击目标指向了与产生心理挫折毫不相关的人或物上，寻找"替罪羊"。

冷漠。表面上漠不关心，无动于衷，实际上是个体内心在压抑着愤怒情绪。

如果将幸福、欢乐比作太阳，那不幸、失败、挫折就可以

比作月亮。人不能只企求永远在阳光下生活，在生活中没有失败挫折是不现实的，也是不可能的。心理学家使用"挫折"一词来指人们不能达到某种目标的情形，简而言之，你希望得到某种东西没有得到，这就叫挫折。

挫折在人的一生中是不可避免的，不要哀叹自己为什么那么倒霉，总要遇到不如意或是失败，其实每个人都会遇到挫折，只是有大有小而已。许多孩子都曾学过"天将降大任与斯人也，必将苦其心智，劳其筋骨，饿其体肤，空乏其身"这句话。也就是说，做任何事情要想获得成功，必须得付出代价，而遇到挫折和失败是所付出的代价的一部分。遇到失败或是挫折并不可怕，关键的是你如何对待挫折，不能一遇到挫折就心灰意冷、一蹶不振。

在心理学上，挫折是指当个体从事有目的的活动过程中遇到障碍而受到干扰致使个人的动机不能实现，需要不能满足时的紧张状态与情绪反应。它是一种主观感受，因人而异。因为人的目的和需要不同，同一种活动对于不同的人可能会造成不同的主观的感受。比如，有的孩子对自己要求不高，考试只要能及格就可以了；但是有的孩子不达到一百分就觉得没有考好，就会有失败感。

一般认为挫折给人带来的只有灾难、失意和无情的打击。

事实上，挫折对个人来说，也具有"利"和"弊"两重性。"利"者，它能够引导人不断提高认识能力，增长才干，古人云"吃一堑，长一智"就是这个道理；"弊"者，它使人内心痛苦、情绪紊乱、行为偏差，甚至引起种种疾病或轻生的举动。对挫折的两重性的认识，有助于我们在挫折面前采取理智的、积极的态度。

产生挫折的原因是多种多样的，对于任何具体的心理挫折，应具体地分析其产生原因，但就一般而言，可以归纳为客观和主观两大方面。

客观原因。一般来说，来自自然因素的心理挫折不是主要的，由社会因素而造成的心理挫折往往对人的影响更大。社会因素主要指人在社会生活中所受到的人为因素的限制和阻力，例如同学之间的矛盾、家长和老师的不理解、对某些课程缺乏兴趣等都是心理挫折产生的社会因素。

中学生处于思想尚未成熟的阶段，对于挫折缺乏心理准备，也不具备足够的经验和能力去应对，因此社会因素所致的各种挫折，对学生个体行为所发生的影响很大。

例如，有位学生，初中阶段一直是优等生，但上了高中后，尽管自己仍很努力，成绩总是不理想。家长望子成龙，整天没完没了地唠叨，给他增加了很大压力。临近高考时又因报志愿与家长发生了冲突，一气之下，他没有参加高考，放弃了升学的机会。

这充分说明，来自社会因素所致的各种挫折对于尚未成熟的中学生的心理和行为会产生很大影响。

主观原因。从主观方面看，由于个人的容貌、身材、体质、能力、知识等条件的限制，使自己所要追求的目标不能达到而产生挫折。

例如有的女学生梦想当空姐，飞向蓝天，但由于自身条件不够，所以，不能实现自己的愿望。这种心理挫折就是由主观原因引起的。另外，每个人心中都有自己的奋斗目标和动机要求，当个人欲望与国家或集体利益、与社会道德标准发生矛盾时，内心也有可能产生挫折，这种挫折主要也是由主观原因引起的。

1.告诉孩子你也曾经受到挫折的困扰，将孩子的心态平稳下来。

将自己的挫折故事讲给孩子听，不但能帮助孩子认识到挫折在所难免，还能让孩子将自己对挫折的感受以及原因向母亲倾诉，达到沟通的目的。让孩子清楚地了解到：每个人由于自己能力的限制，客观条件的限制，做任何事情都不可能总是成功，挫折的确在所难免。因此，当孩子遇到挫折的时候，要让他懂得不要怨天尤人，也不要自怜自惜，认为自己一无是处，于是一遇到挫折就垂头丧气，一蹶不振。

2.理出受挫的原因。

既然挫折在所难免，那么当孩子遇到挫折的时候，重要的就是帮助他学会理清思路，也就是要分析失败的原因，找到了失败的原因之后就要考虑下一步怎么办，然后重整旗鼓，为下一次挑战做准备。

3.不要否定孩子，也不要让孩子自我否定。

孩子受挫折的时候，自身很痛苦，家长这时候更不要只是一味地否定孩子，特别是不要用"你真笨"这几个字来否定孩子，因为这三个字对孩子的自信心无疑是一个致命的打击。任何人都有不会的问题，即使再有学问的人，也会有不知道的东西。要记住：凡事尽力皆无悔！只要孩子尽力了，就可以了。

4.找一些简单的事情让孩子做。

当发现孩子因为某件事情受到挫折的时候，交给孩子去做一些他力所能及且能完成得很好的事情，并注意对孩子进行鼓励和赞美，从而恢复他的自信心，进而让他有信心能够战胜挫折。

5.增强孩子的心理耐受力。

所谓心理耐受力是指当个体遇到挫折时，能积极自主地摆脱困境并使其心理和行为免于失常的能力。积极的心理耐受力来源于个体的心理韧性。而所谓的心理韧性是指个体认准一个目标并长期坚持向这一目标努力。告诉孩子挫折也是好的事情，因为有人在对诺贝尔文学奖的得主进行调查之后发现，他们中间有50%以上的人都有过坎坷不幸的童年。爱迪生曾经说过："伟大人物最明显的标志就是他坚强的意志，不管环境变换到何种地步，他的初衷与希望仍不会有任何改变，而终于克服障碍以达到所期望的目的。"

6.增强孩子的能力，以增强自信。

孩子已经清楚了面对挫折时，重要的是应该分析失败的原因，以便日后面对新的挑战和困难。但是家长一定知道，一个孩子如果总是遇到失败和挫折，这无疑对他的自信心是一个沉重的打击。那么这就需要我们有意识地在平时加强孩子的能力，尽可能地挖掘孩子的潜能，这样就为孩子的成功打下了良好的基础，而每一次成功的体验，不管大的成功抑或小的成功，都会增强孩子的信心，这样孩子就会愿意去尝试更具挑战性的事情，在更为激烈的竞争中，锻炼和提高孩子的能力，于是就形成了一个良性循环。而成功的体验和较强的能力使孩子在面对挫折时不至于不知所措，灰心丧气，失去希望和进行努力和尝试的信心。

6.让害羞的孩子学习自信地表达自我

　　生活中我们都曾见过一些性格内向的人，他们在人前常常会有羞怯的表现。下面是一位内向性格朋友的感受：

　　站在陌生人面前，总感到有一种无形的压力，似乎自己正在被人审视，不敢迎视对方的目光，感到极难为情；

　　与人交谈时，面红耳赤，虚汗直冒，心里发慌。即使硬着头皮与人说上几句，也是前言不搭后语，结结巴巴的；

　　不善于结交朋友，于是常感孤独，常因不能与人融洽相处或充分发挥自己的才干而烦恼；

　　不善于在各种不同场合对事物坦率地发表个人意见或评论，因此不能有效地与他人交换意见，给人拘谨、呆板的感觉；

　　常感到自卑，在学习和生活中往往不是考虑取得成功，而更多的是考虑不要失败。

　　这种羞怯的心理在中国人中很常见，但是我们要指出，羞怯的本质就是一种不自信，心理学家认为这种羞怯心理很大程度上是来自于童年的影响。美国俄亥俄州立大学的一项统计结果也显示，97%的学生认为做公开演说和核武器是世界上两件最可怕的事情。那么，羞怯产生的原因有哪些呢？

一是先天原因。有些人生来性格内向，气质属于黏液质、抑郁质类型，他们说话低声细语，见到生人就脸红，甚至常怀有一种胆怯的心理，举手投足、寻路问津也思前想后。

二是家庭教育不当。过分保护型与粗暴型的家庭教育方式都可造成子女怯懦的性格。前者，家长代替了子女的思想和行为，子女缺乏经验，生活办事能力差，单纯幼稚，遇事便紧张、恐惧、焦虑。后者，家长剥夺了子女思维和行动的机会，子女时常担心遭批评和斥责，遇事便紧张、焦虑、消极、被动。有些家长对儿童的胆小不加引导，孩子见到生人或到了陌生的地方，便习惯性地害羞、躲避，没有自信心。儿童进入青春期后，自我意识逐渐加强，敏感于别人对自己的评价，希望自己有一个"光辉形象"留在别人的心目中，为此，他们对自己的一言一行非常重视，唯恐有差错。这种心理状态导致了他们在交往中生怕被人耻笑，因此表现得不自然、心跳、腼腆。久而久之，便羞于与人接触，羞于在公开场合讲话。

三是缺乏自信和实践锻炼。有些人总认为自己没有迷人的外表，没有过人的本领，属能力平平之辈，因此他们在交往中没有信心，患得患失。长期的谨小慎微不仅使他们体验不到成功的喜悦，而且使他们更加不相信自己的能力。加之多数学生生活环境比较顺利，缺乏实践锻炼的机会。这些往往是导致害羞的重要的原因。

四是挫折的经历。据统计，约有四分之一害羞的成人在儿时并不害羞，但是在长大后却变得害羞了。这可能与遭受过挫折有关。这种人以前开朗大方，交往积极主动但由于复杂的主客观原因，屡屡受挫而变得胆怯畏缩、消极被动。

因此，我们要及时察觉孩子的这种羞怯心理，并且引导孩子变得自信，乐于表达自己。那么家长们应该怎么做呢？

1.帮助孩子正确估价自己，树立自信心。日常学习和生活中，应让孩子多考虑我要怎么做；在各种社交场合中，应让孩子顺其自然地表现自己，不要担忧人家是否注意。当他与对方交谈时，眼睛要看着对方，并将注意力集中在对方的眼睛，这样可以增加孩子对对方的注意，减少对方对孩子的注意。

2.让孩子勇于和别人交往。让孩子向经常见面但说话不多的人如邮递员、售货员等问好；与人交往，特别是与陌生人交往，要善于把紧张情绪放松。使用一些平静、放松的语句，进行自我暗示，常能起到缓和紧张情绪，减轻心理负担的作用。

3.告诉孩子一些谈话的技巧。比如：在连续讲话中不要担忧中间会有停顿，因为停顿一会儿是谈话中的正常现象。在谈话中，当感觉脸红时，不要试图用某种动作掩饰它，这样反而会使脸更红，进一步增加了羞怯心理。想到羞怯并不等于失败，这只是由于精神紧张，并非是不能应付社交活动。

4.让孩子不要过于敏感。凡事尽可能往好的方面想，多看积极的一面。平时注意培养孩子的良好情绪和情感，让孩子相信大多数人是以信任和诚恳的态度来对待自己的，不要把自己置于不信任和不真诚的假定环境中，那样，对别人就总怀有某种戒备心理，自己偶有闪失，或者并无闪失，也生怕别人看破似的，这样自己就会惶惶然，更加重羞怯心理。

此，学会自觉地调节和控制情绪，是心理保健的重要内容。我们在日常生活和学习中，无论做什么事都带有情感色彩：当考试取得好成绩时，会感到喜悦；失去珍贵的东西时，会感到惋惜；如果愿望一再受妨碍而达不到时，则会失望甚至愤怒；进入一个陌生的环境时，会感到局促不安甚或产生恐惧等。这些喜悦、悲哀、愤怒、恐惧等情绪活动，都会引起身体一系列的生理变化。

据科学研究，积极健康的情绪，如愉快、欢乐、适度的紧张，对人体都有好处，它可以引起心脏输出量增加，促进血液循环，使人精神振作，大脑工作能力增强。而伤心、悲痛、愤怒、焦虑等消极情绪引起的生理变化，于人身体是不利的。如机体长期处于这些不良的情绪影响下，往往会引起多种疾病的发生，如高血压、胃溃疡，以及心理障碍等。因此，青少年应该懂得情绪在保护心理健康中所起的重要作用，并学会自我调节和控制情绪。

有的家长教育孩子，常常为自己的情绪所左右。家长高兴时，教育孩子能注意方式方法，家长不高兴时就简单粗暴，甚至无事找事，把孩子作为出气筒，或打骂训斥、讽刺、挖苦，等等。这种因家长情绪的好坏而出现的教子进度不一，其祸害是无穷的：

在孩子的行为标准上造成混乱。就是说，这往往会使孩子不知自己到底应该怎样做，这既不利于孩子不良行为的及时纠正，又不利于孩子良好行为习惯的养成。

容易使孩子养成看家长脸色行事的坏毛病，并且不利于家长及时、准确地把握孩子的真实情况，不利于家长教育的针对性、实效性。

家长的不良情绪直接影响着孩子的心境，特别是因不良情绪而导致的家长教育孩子方式方法上的简单粗暴，这往往会使孩子同时遭到"体罚"与"心罚"的双重伤害，这不仅严重地影响着孩子身心的健康发展，甚至会对孩子的一生带来重大伤害。

家长在教育孩子上为自己的情绪所左右，往往还会使家长在孩子心目中的威信大大降低，这种威信的"降低"，往往又会对以后的家庭教育人为地制造出种种障碍，比如，有些家长所说的"孩子大了，反而越来越不听话"，就与这种"障碍"有关。

要培养教育好孩子，我们家长还应学会调节自己的情绪，别让不良情绪影响我们对孩子的教育。

1.培养自己具有乐观的生活态度。无论遇到什么困难和挫折，都要以乐观、积极的态度去面对，相信问题总会有办法解决的，从而勇敢地面对现实，努力进取，永不失望，对前途充满信心和希望。持这样的乐观态度往往会产生积极情绪。

2.适当地发泄积存在心中的不良情绪。比如，可以向知己的人倾诉自己的苦恼和忧伤等。这样做，有助于消除心中的烦恼、压抑，从而达到心平气和。这种发泄对心理健康是有益的。

3.保持适当的紧张和热情。紧张是一种情绪，它能维持和提高学习、工作效率。如考试时产生的紧张情绪，能使大脑功能达到最高效率的状态；平时上课或做某件事，也需要保持适当的紧张。张弛调节适度，就会使生活更有节奏和情趣。

4.善于理智控制自己。种种要求和愿望，都应符合社会道德和规范，否则就要用理智打消这种念头，不能苛求社会与他人满足自己的一切愿望。这样做对维持心理平衡，培养健康情绪有好处。

5.家长在教育孩子时应依靠理智的力量学会控制自己的不良情绪，比如，学会并善于以自我暗示、自我激励、心理换位等来管住自己。

通过不断加强心理品质的修养，不但做家长者能使自己保持良好的情绪，同时，你的方式方法和情绪态度将带给孩子潜移默化的影响。

第三章

自立教育是给孩子的最好礼物

1. 孩子的依赖心理强时你要检讨自己

这个世界上，从来就没有什么救世主，一切只能靠自己。因为家长会老，缘分会散，而自己却永远不会远离。歌德也曾说过：谁要是游戏人生，他就一事无成；谁不能主宰自己，永远是一个奴隶。或者你还可以看看下面这个故事：

小蜗牛问妈妈：为什么我们要背负这个又硬又重的壳？

妈妈：因为我们的身体没有骨骼的支撑，所以要有壳的保护！

小蜗牛：为什么毛毛虫和蚯蚓不需要壳呢？

妈妈：因为毛毛虫能变成蝴蝶，天空会保护她；蚯蚓会钻土，大地会保护他。

小蜗牛哭了起来：我们好可怜，没人保护。

蜗牛妈妈安慰他：所以我们有壳啊！我们不靠天，也不靠地，我们靠自己。

可见，自己的困境只有依靠自己走出，自己的良机和快乐，只有靠自己去发现和把握。一个人最重要的一件事情，就该是"知己"了，只有"知己"才能够打赢自己的人生。

当青少年跨进青春之门的时候，一方面比以前拥有了更多的自由，另一方面却要负担起比以前更多的责任。有些人感到胆怯，无法跨越依赖别人尤其是依赖家长的心理障碍。依赖别人，意味着放弃对自我的主宰，这样往往不能形成自己独立的人格。

人应该是独立的。独立行走，使人脱离了动物界而成为万物之灵。当你跨进青春之门的时候，你就开始具备了一定的独立意识，但对别人尤其是家长的依恋常常困惑着自己。依赖，是心理断乳期的最大障碍。

依赖心理主要表现为缺乏信心，放弃了对自己大脑的支配权。往往表现出没有主见，缺乏自信，总觉得自己能力不足，甘愿置身于从属地位。总认为个人难以独立，时常祈求他人的帮助，处事优柔寡断，遇事希望家长或师长为自己作决定。

依赖性强的学生喜欢和独立性强的同学交朋友，希望在他们那里找到依靠，找到寄托。学习上，喜欢让老师给予细心指导，时时提出要求，否则，他们就像断线的风筝，没有着落，茫然不知所措。在家里，一切都听家长摆布，甚至连穿什么衣服都没有自己的主张和看法。一旦失去了可以依赖的人，他们会常常不知所措。

具有依赖性格的中学生，如果得不到及时纠正，发展下去就有可能形成依赖型人格障碍。依赖性过强的人需要独立时，可能对正常的生活、工作都感到很吃力，内心缺乏安全感，时常感到恐惧、焦虑、担心，很容易产生焦虑和抑郁等情绪反应，影响心身健康。

那么，人为什么会在对别人的依赖中迷失自己呢？这是因为，依赖的产生同家长过分照顾或过分专制有关。现在的青少年多为独生子女，家长常常对子女过度保护，一切为子女代劳，他们给予子女的都是现成的东西，孩子头脑中没有问题，没有矛盾，没有解决问题的方法，自然时时处处依靠家长。对子女过度专制的家长一味否定孩子的思想，时间一长，孩子容易形成"家长对，自己错"的思维模式，走上社会也觉得"别人对，自己错"。这两种教育方式都剥夺了子女独立思考、独立行动、增长能力、增长经验的机会，妨碍了子女独立性的发展。

要克服依赖心理，可从以下几个方面着手帮助孩子。

1.要充分认识到依赖心理的危害。要纠正孩子平时养成的习惯，提高孩子的动手能力，多向独立性强的同学学习，不要什么事情都指望别人，遇到问题要做出属于自己的选择和判断，加强自主性和创造性。学会独立地思考问题，独立的人格要求有独立的思维能力。

2.要帮助孩子在生活中树立行动的勇气，恢复自信心。自己能做的事一定要自己做，自己没做过的事要锻炼做。正确地评价自己。

3.丰富孩子的生活内容，培养独立的生活能力。在学校中主动要求担任一些班级工作，以增强主人翁的意识。使我们有机会去面对问题，能够独立地拿主意，想办法，增强自己独立的信心。在家里，让孩子该干的事要自己去干，如穿衣、洗碗、打扫卫生等，不要什么都推给爸爸妈妈，做个"小地主"。

2. 你的孩子需要一点可以自由支配的时间

当今教育改革，把原来的以教师、课堂、书本为中心转变为以学生、社会、经验为中心。素质教育，主要以培养学生的个体自主、人格独立和精神自由为目的，突出学习的乐趣、思维的创造力、精神的愉悦和心理的健康。这要以尊重学生为前提。但连自主支配课余时间的权利都被剥夺，何谈尊重？如今，学生们的课业负担仍然十分沉重，尽管教育部门三令五申给学生减负，但现实中，学生们并没得到真正的减负，就连课余时间都被安排得满了。上海市少工委的调查数据表明，有80%的学生双休日及课余时间都在学习学科知识，没有自主支配的时间，学生只能在困惑和无奈中认可学校与家长的安排。

其实，孩子对许多事情有自己的打算和想法，学会了自己安排时间和活动。对于家长的安排，孩子们或抱怨或沉默，在家长觉得平静或很正常的表象下，其实孩子已积蓄了叛逆心理。课余时间任由家长支配，剥夺了孩子的自主支配权，实际是对孩子的不尊重。教孩子如何尊重别人，而身为家长却不尊重孩子，家长这样的言行不一，如何有利于孩子的身心健康？翻译家傅雷，这个在我们看来很成功的父亲，在孩子成年后，写下这样一番感人肺腑的话："可怜过了45岁，父亲才真正觉醒！孩子，我虐待了你，我永远对不起你，我永远补赎不了这种罪过。"原来，傅雷让几岁的儿子每天上、下午连续几小时地练琴，有时弹得十分困倦，手指酸痛，也从不让他松弛。傅聪终于成了钢琴家，可傅雷还是说："结果是一回事，当年的事实又是一回事，孩子！我要怎样地拥抱你才能表示我的悔恨与热爱呢！"因此，家长最好不要干涉孩子的正当活动，这是家长和孩子在权利和义务方面互相尊重的体现。

自主并非意味着毫无目的，随心所欲，无拘无束。自主支配课余时间指的是孩子在课余时间里能够自己确定活动目标，制订活动计划，在活动中对自己的行为作自我监控、自我调节、自我评价。而由孩子自主安排时间的好处是显而易见的。

培养孩子的创造力。孩子如果长期习惯听命于教师家长的安排，不学习安排支配自己的时间，按部就班，畏首畏尾，缺乏自主意识和独立思考创新精神，长大后是难以独当一面的。伟大的生物学家达尔文，小时候放了学就奔向大自然，观察鸟兽美丽的羽毛，聆听昆虫动听的歌声，思考动物种类之间的关系，成年后他根据自己的发现，大胆地提出进化论，否定了上帝创造论，开辟了生物学和人类学的新纪元。如果，当初小达尔文课后也被家长限制做这做那，今天做《名师指点》明天做《高考指津》恐怕就没有他日后的成就。

培养孩子自立自强的品格。能否对自己的行为进行自我计划、自我监控是判别真"自主"与伪"自主"的重要依据。当今的中国孩子特别是城市的学生，大部分出生在优裕的环境中，再加上家长们的高期望，一些孩子出生后，就被纳入一整套的"精英教育计划"中，课内被"满堂灌"折磨个半死不活、课后还要参加名目繁多的奥赛班、钢琴班、舞蹈班、书画班……学生没有自己的主见，似乎是为他人而活，从不考虑给自己做个计划，养成依赖的坏习惯。失去了独立的生活能力，有的碰到一点挫折就想到轻生。如果老师、家长给予孩子自主支配课余时间的能力，给他们锻炼自立自强的机会，可让他们日后能更快适应新的生活，接受各种各样的挑战，把命运牢牢掌握在自己手中。这其实是对孩子更加负责，是对人的生命的尊重，是人性的回归。

英国大教育家约翰·洛克说："学生兴致最好的时候，学习效率要好上两三倍，而强迫去学就要花费加倍的时间与汗水。"孩子在课余时间里按兴趣选择活动，获得轻松与愉悦，再以良好的状态回到学习中去，能得到最好的效果。况且娱乐并不等于玩物丧志。娱乐可以是阅读，可以是游戏，可以是打球、学乐器，促进学生身心健康成长。在课余时间里，学生可以根据自己的兴趣与爱好选择娱乐、学习、休息等自己需要的活动，这是减轻学习负担的好方法。

让孩子自主支配课余时间，是人内在本质特征的要求。由大人们支配孩子课余时间的恶果也许短时内很难表现出来，真正的危机发生在他们成人之后。当不再有人要求他们做什么时，当他们真正需要主宰自己的行动时，他们便开始手足无措，显然，他们已养成了依赖别人的习惯，已缺少自己做事的欲望、勇气与能力了。这是为孩子定下小时候看家长和老师眼色办事，长大后看领导脸色办事的无主见人生，就像雄鹰被拔掉了羽毛，又何谈在现代社会立足？

爱因斯坦说，"人的差异产生在业余时间"。同样，著名科学家达尔文说，"我从来不认为半小时是我微不足道的很小的一段时间"。

从这两位大科学家的话里，就可以看出他们是多么重视时间，珍惜时间，同时他们也都是运用时间的能手。作为家长应该重视培养孩子安排时间、运用时间的能力。

1.让孩子出去玩。

该玩的时候，就应让孩子们去玩，要让他们多和别的孩子在一起，培养开朗、热情的性格与集体主义精神。在这方面，家长不要有功利心，否则，会扼杀孩子的天性。不要在雏鹰刚学会飞翔时就为它画好飞行的轨迹，那它们永远也飞不高。

2.把睡觉的时间还给孩子。

根据中小学生长身体的规律，孩子每天需要的睡眠时间为9小时，可调查显示，学生的睡眠时间在8小时以内的占48.6%，在9小时以上的仅占51.4%，说明有近二分之一的学生睡眠时间不足。正因为如此，有29%的学生把睡眠时间当作自己最想争取的权利之一。专家指出，如果睡眠时间和质量得不到保障，将严重影响儿童的身体发育和身心健康。当你的孩子想要睡上一小会儿时，作为母亲的你一定要满足他的要求，因为那也是他的权利。

3.为孩子制订一份休闲计划。

对一些较重大的节假日和休闲项目做出妥当的安排，这样能使孩子的休闲和学习有条不紊地交叉进行，使身心得到有效的放松和调适。而且，一旦制订出了既愉快又切实可行的休闲计划，那么在这一时间到来之前，孩子的心情会是愉快而充实的，能精神振奋地投入学习和工作之中。

4.善于利用假期。

假期是亲子之间沟通了解的好机会。平时孩子有写不完的作业，家长也很忙，相互只看到忙碌的身影。只有到了假期孩子才有了更多自由支配的时间。而有些家长把放假看成是上学的延续，因此各种家教、各种培训班充斥着孩子的假期生活。现实中许多家长所谓的发展孩子的特长，其实是发展家长的个性，对孩子来说学校教育是被动的，是别人让我学；而假期应该转变为我要学，要让假期不再成为孩子的又一种精神负担。

家长利用假期多听听孩子的倾诉。现在的孩子越来越多地承受着间接来自社会、来自家长、老师、学校的压力，因而家长更要注意利用假期对孩子的心理进行调试。不要以为只有得了心理疾病之后才需要调试，家长应试图通过调试、沟通来缓解孩子的压力。

5.帮助孩子对他在近期内的活动有一个理智的分析。

看看孩子近期内要达到哪些目标，孩子最迫切需要的是什么，各种活动对自己发展的意义又有多大，等等。然后做出最好的时间安排，并且在执行计划中不断地修正和发展。

3. 要尊重每个孩子的隐私，这一点很重要

　　有一位妈妈偷看了上初中的女儿的日记，看了以后大发雷霆，因为她发现女儿在日记里写了她对爱情的幻想。她对女儿狠狠地说："这么小的年纪就想到这些问题，丢死人了！"最后，这位母亲还说要把女儿的日记告诉老师，让老师注意监管。女儿感到十分愤怒，和她妈妈争辩，可是这位母亲怎么也不道歉，而且执意要告诉老师。结果女儿被逼无奈，离家出走，最终母女关系闹僵了。这位母亲的做法是愚昧的，是错误的。错在哪里？第一，她侵犯了孩子的隐私，孩子的隐私权是不能侵犯的，隐私就是她不愿意告诉别人的事情；第二，她不但偷看了女儿的日记，而且还扬言把日记的内容告诉老师，那么她这就犯了第二个错误，把女儿的隐私通告给别人，更是错上加错了。

　　不止一位家长这样说过："孩子越大越不听话，不像从前

那样，有什么事都和家长讲。"还有的家长发现孩子有些事背着自己，有些东西藏起来不让自己看见，同学之间的书信和他自己的日记总要放到有锁的抽屉里，他们对孩子的这种行为感到不安，怕孩子染上坏毛病。

这样的家长，习惯了对孩子过于保护和包办一切的教育方式。他们有的人因发现孩子对自己有所保留，竟千方百计地翻看孩子的书信和日记，然后把其中的一些内容当作孩子"错误行为"的证据，拿去指责孩子，伤了孩子的自尊心。这样做进一步关闭了孩子和家长之间沟通的渠道，失去了孩子的信任。我认为，家长关心孩子的心情可以理解，但这种过度保护、过度干涉，不允许孩子保护自己隐私的做法是不妥的。

人的心理发展是分阶段的，也是有迹可循的。婴幼儿时期，孩子一切依赖家长，少年时期孩子也许仍把家长当作学习、模仿的第一榜样。但是，进入青春期后情况发生了变化，随着成人意识的出现，他们要在更广的范围内接触社会和人生，此时，人的隐私内容发生了变化而且范围逐渐扩大。

隐私可以是具体得失，也可以是个人的理想、观念、人际关系、身体状况，等等。隐私权是公民对以个人生活秘密和个人生活自由为内容的禁止他人干涉的人格权。对隐私权的重视是社会的文明和进步，懂得个人隐私的保护是一个人走向成熟的标志。很难想象，如果人们之间没有隐私，社会将是什么样子？那样的社会如何进步？同样，一个人如果总是不恰当地把属于个人的隐私公之于众，这也必然使他无法适应社会生活，造成人际关系的不协调，也是他心理素质存在的问题、心理年龄滞后的标志。

保护个人隐私是适应社会生活的一个方面，保护隐私就是保护自己。当孩子的隐私意识逐渐增强时，家长应当高兴才对。因为这是你的孩子开始走向成熟的标志。一个毫无保留地在家长和他人面前诉说自己内心感受的孩子是不会成为成熟的人的。

人都有不愿告诉别人的私事，这便是隐私。个人隐私应得到尊重，法律也规定保护个人隐私不许侵犯，这便是隐私权。大人的隐私权且不说，孩子的隐私权受侵犯是常见的事。侵犯者常是家长，那么，侵犯孩子的隐私权有哪些危害呢？

伤害孩子的自尊心

隐私常常包含个人的缺陷（包括生理、行为等方面）、错误、失算，是孩子自尊心遭到打击的记录。如果把自尊心比喻为花瓶，隐私就是瓶上的细小裂纹，所以当老师的，做家长的更应细心保护好这个花瓶。随便暴露孩子的隐私，甚至当众宣扬，这无异于是在敲打这个有裂纹的花瓶，让孩子无地自容，把孩子的自尊心敲碎。

打击孩子的自信心

对自己能力的信心就是自信心。孩子希望有一定的独立性，希望自己的某一领域不受干预，这正是有自信心的表现。做错了事，想偷偷改；学习落后了，想暗自追上去，这也正是不丧失自信心的表现。轻易地破坏他们的这种希望，侵犯他们这方面的隐私，就会无意中打击他们的自信心。

麻痹孩子的羞耻心

孩子因知羞耻才把某些过失、缺陷看作隐私，随便被揭开、公布、宣扬，孩子起初还会觉得难堪、痛苦，以后便会麻木了。俗话说破罐子破摔就是这个意思。

削弱孩子的自省力

写日记是一种自省方式，偷看孩子的日记，又把日记的内容宣扬出去，是不可取的。向家长吐露心事也是一种自省方式，家长听了却又透露给外人，这也是很不可取的。不尊重孩子这方面的隐私，孩子就会不再重视这些自省方式，就会大大削弱自省的欲望和能力，妨碍孩子健康成长。

破坏孩子的人际关系

孩子的一些隐私会涉及他的同学、朋友，比如与朋友一起进行并非不正当，但又不愿别人知道的活动，并约定保密。教师和家长知情后，不分青红皂白将事情公之于众，便会招致朋友和同学的怨恨，破坏了孩子与别人的友谊。

削弱孩子与亲人的亲密关系

孩子的隐私常被侵犯，家长又不善于补救，其结果必定是孩子对家长反感，不信任。一旦双方形成隔阂，再对孩子进行有效教育就困难了。

有人问：按这么说，一切由着孩子，孩子的私事都不能过问了？不是这个意思，要过问，但要明确指导思想，讲究方法。应该先尊重孩子的隐私权，再让孩子自觉自愿地和你谈他的隐私。隐私的特点是具有一定的相对性，自己的私事对一些人是隐私，对另一些人可以不是。隐私可以转化，不信任你时是隐私，信任你了可以不是隐私，对另一些人可以不是。

了解孩子，并不是把孩子当成一个没有尊严、没有隐私的个体，恰恰相反，我们首先要充分尊重孩子的权利，尊重孩子，信任孩子，才能够建立和谐的亲子关系，才能真正地了解孩子的个性、特点、优势，教育才能真正有效地发挥作用。当孩子和你之间充满敌意，和你疏远，你就根本无法走近孩子，也就无法了解孩子的内心。教育只停留在表面，那不是真正的教育。

1.争取孩子信任自己，使孩子主动、自愿地披露隐私。这就必须尽可能做到：长期日积月累地培植孩子对家长的信任感；培养孩子与家长交流思想感情的习惯；不要找各种理由偷看孩子的日记，私拆孩子的信件；兑现对孩子的承诺，不能兑现时也得说清缘由，取得孩子的谅解。

2.给孩子一个独立的空间。作为家长应该放下心来，相信孩子能带着秘密健康成长。如果家庭有条件的话，可以给孩子一间独立的房间，或者给孩子一个只有他自己才能开启的抽屉，允许孩子有一个较自由、安全的空间，并让孩子知道，家长相信他，不会破坏属于他自己的空间，这样能让孩子在家里找到一个有安全感的地方，不至于向外寻求安全，从而远离家庭，远离家长。

3.家长以身作则。家长之间可以有一些小秘密，相互尊重对方的隐私，不要相互指责、猜疑。必要的时候，把自己的秘密拿出来和孩子分享，听听孩子的意见。

4.不打击孩子。即使知道了孩子的秘密，也不要像抓住小辫子一样对孩子进行打击、批评，要像帮助朋友一样帮助孩子，给他们出主意，想办法。

4. 孩子渴望自己做自己的事情，家长要少点包办

在小洛克菲勒4岁时，有一次，当他远远看到父亲老洛克菲勒从外边走进来时，就张开双手兴冲冲地向父亲扑了过去。老洛克菲勒并没有去抱他，而是往旁边一闪，结果小洛克菲勒扑了个空，跌倒在路上，哇哇大哭起来。等孩子哭完之后，老克菲了严肃地对儿子说："孩子，不要哭了，以后要记住，凡事要靠自己，不要指望别人，有时，连爸爸也是靠不住的。从现在开始学会自立吧。"

正是因为洛克菲勒家族教育子女特别认真，注重培养孩子的独立生活能力，使孩子养成自立、自强的习惯。所以洛克菲勒家族里没有出败家子，其家族历经几个世纪而依然繁盛如初，没有像美国其他的跨国财团、亿万富翁仅仅经历几十年，或一两百年就衰落了的历史。

什么是自立，顾名思义，自立就是自己的事情自己做，不

会的事情学着做，而且一定要做好，不依赖别人。我们每个人来到这个世界都要学会自立，因为自立是人在社会上立足之本，所以只有学会自立才能在这个充满竞争的社会上生存下去。

中国劳动人民穷了几百年，对于许多人来说，祖祖辈辈都没有过今天这样的小康或者富裕生活，他们绝大多数又都只有一个孩子，所以把爱子之心推过了爱与害之间的小溪，推到了一个错误的极端。

据报载，福州市的李女士坐飞机给在青岛某大学读大一的儿子送了一碗馄饨，因为她接到儿子的电话，儿子在电话里哭着说想家，想吃妈妈亲手包的馄饨，李女士说，"听到孩子的哭声我很揪心"。李女士家不是那种一掷千金的富裕家庭，因为她这么说："这碗馄饨花了我一个月的收入，但只要孩子高兴就值了。"这正如俗话所形容的：孩子要天上的星星也恨不得给他摘下来。可是，这对孩子的成长和成才有好处吗？它说明一部分青少年在家长过分的呵护下，心理素质太差，经不起一点点挫折和失败。我们不能说这个学生一定没有出息，但他将来走向社会后的抗压能力，接受挑战的能力却值得怀疑。这无论对家庭，还是对国家，都不是什么好事情。爱与害之间，只隔着一道小溪，过了这道小溪，爱就是害。

还有一个故事也能说明这个问题。一只雏鹰被家长遗弃后历尽千难万险，终于长成一只骁勇无比的雄鹰的过程。钩是这只鹰的名字，钩还在巢里嗷嗷待哺的时候，发生了严重的旱灾，鹰的食物都饿死了。钩的家长为了养活它，觅食的范围一天比一天大，飞得一天比一天远，最后只得放弃。将它推出了那筑在橡树顶上的巢，双双飞走了。钩还不会飞，不会觅食，只得在草丛里蠕动，吃些蚂蚁甲虫之类的小动物充饥。

人类社会不是暖巢，那里既有明媚的春光，美好的友情和亲情，也有惊涛骇浪。一个人要能够在社会的海洋里搏击而不至于淹死，必须有强健的体魄和坚强的意志，掌握谋生的技术和本领。为了我们个人的明天，也为了我们国家和民族的未来，我们一定要学会自立。

作为家长，不能一辈子都牵着孩子的手，有些家长总爱包办孩子的一切，这样使他们形成对家长的依赖，从而丧失了宝贵的独立意识，为他们将来的发展设下障碍。

在经济发达的国家中，许多家庭的家长十分重视从小培养孩子的自理、自立能力。他们从锻炼孩子的独立生活能力出发，对孩子的教养采取放手不放任的做法。放手，就是从孩子生下来，家长就设法给孩子创造自我锻炼的机会和条件，让他们在各种环境中得到充分的锻炼。美国一岁的孩子基本上都是自己吃饭，家长将孩子"绑"在椅子上，把食物放在小桌上，让他们自己用小刀叉吃饭，吃得到处都是，脸上沾满了奶油，将饭菜打翻，家长不急也不恼，但家长绝不哄着喂食，这样，两岁的孩子就能与家长一块儿用餐。

在瑞典，孩子出生后很少被家长抱在怀里，在家里一般是放在小床上，出门放在小车上，会走的自己走，哭也不抱，小孩子从不与家长同睡。

在德国，孩子一岁左右开始学走路，摇摇晃晃地艰难前进，跌倒了爬起来，再跌倒再爬起来，基本上没有赖在地上大哭不止，非要大人扶起来不可的情况。美国中学生有一句口号叫"要花钱自己挣"，上大学要靠打工自己挣学费。在寒冷的冬天，当中国孩子还在热被窝熟睡时，美国孩子已经挨家送报纸了。

相比之下，我国的许多家庭，特别是富裕的独生子女家庭，家长过度地保护与过多地照顾的教养方式，不利于孩子的自理、自立。家长应该清楚，你不可能跟孩子一辈子，也不可能包办一辈子。从小培养自理自立的能力、坚毅顽强的性格、适应环境的能力，将使孩子受益终生。人生是一个艰难的路程，有时会遭遇困难，有时会遇到挑战，这时，真正能够帮助孩子的只有他自己，能够拯救他的也只有他自己。此时，最要紧的是他必须能够自立。

自立就是那个孩子在掉进坑中后，靠自己勇敢爬出来；自立就是小洛克菲勒摔倒后，自己依靠自己重新站起来。自立就是遇到困难时自己想办法、自己解决，自立就是遇到挑战时勇敢反击。

培养孩子的独立意识，对于孩子今后的成长有至关重要的作用。他会在今后的成长过程中摆脱依赖心理，在工作中形成自己的意向，做出自己的决定。做事会更充满信心，不至于陷入孤独无望的境地。

家长们要培养孩子的自我意识，给他们一些成长的空间，多鼓励他们去独立地完成事情，即使他们失败了，也要多给予他们鼓励，锻炼他的独立意识，增强他的信心。真正具有独立精神的人对自我意识有一种强烈的需要，他们无须借助这样那样的依赖，就能形成自己的意向，做出自己的决定。

对孩子的自理自立能力的培养，应该遵循由小到大、由易到难、由简到繁的原则，让他们在生活实践中体验、成长，并及时鼓励哪怕是微小的进步。

5. 孩子其实不怕失败，勇气是尝试出来的

在成长的过程中，孩子终归要有面对失败的时候。如果孩子还小，家长们就会一笑了之，抢着帮他把问题处理掉，或者干脆让孩子放弃，认为他的能力还不足以完成这个任务，等他再大一些，就完全能够胜任了。

英国人麦克夫妇却不这样认为，他们常常会让孩子去做些力所不及的事情。麦克说："失败是成功之母，只有经历过失败，才能享受到成功的喜悦，也只有一步步成功，孩子才能真正地长大。"

麦克的儿子查理就是这样长到10岁的，如今这个小男孩不但会照顾自己的起居生活，修理家里的水管、电器，就连修汽车也能说个头头是道。

查理第一次做事，是在两岁的时候，他看到麦克正在洗碗池里洗碗，感到很好奇，拉着麦克的腿，不愿和妈妈回到客厅

去。见此情景，麦克干脆把查理抱到洗碗池上说："来吧，查理，你来洗碗好了，看看你能干得怎么样！"查理挺听话，马上跳进洗碗池里干了起来。这是在洗碗，同时也等于是在洗澡，衣服裤子都湿了个透，碗不但没有洗干净，而且还掉到地上，摔碎了一个。

麦克没有制止他，也没有指点他该怎么做这种工作，而是一直站在旁边，笑着看着查理的一举一动。

开始时，查理还在笑，觉得坐在洗碗池里玩是件有意思的事。可是，慢慢地，他觉得这一点也不好玩，油污涂了满身，凉水沾在身上，很不舒服。他求助似的看了看麦克，麦克把头转到了窗外。查理无聊地把水泼到水池外面，把碗推到洗碗池一角，把水龙头打开……终于，他再也忍不住地哭了起来。直到这时，麦克才把他抱出来，送他去洗澡，换了干净衣服，把他放到洗碗池旁边，自己系好围裙，把洗碗液挤到水里，然后，在查理的注视下，一个个地把碗洗干净、抹干。接着，把查理的玩具碗筷放到了水池里。

查理这一次洗玩具碗筷，衣服只湿了一半。第三次时，只有袖子湿了一点点。麦克又教他怎样把碗洗干净的方法，查理做得也就越来越好了。

这不过是小儿科，比较危险的是烧水。

水壶放在煤气灶上，壶里的水被烧得吱吱响，麦克用一块手巾垫在手下，把壶拎了下来。

查理也要做。那时他4岁，对于他来说，这是件非常危险的事，不但可能烫到手，还可能会把整壶水洒到身上，造成大面积烫伤，甚至由此引发生命危险。麦克知道，查理对已烧开的水壶很感兴趣，他原本也同意像妻子所说的那样，不让查理接近水壶就行了。可是，他能保证查理在自己视线之内，不动那装满了开水的水壶，但谁又能保证，查理在大人们的视线之外，不去动那个水壶呢？因此，麦克决定，教查理正确的拎水壶的方法，让他知道，会发生什么危险，并具备躲开这种危险的能力。

他把水壶里的水换了温水。

告诉理查，水开时的水汽会把水壶把蒸热，所以要垫上毛巾才能拿，水很热，要注意，不能让水壶倾倒下来。第一次尝试时，半壶水都倒在了查理身上，由于是温水，所以只不过烫红了查理的胸膛和手臂。

"这是因为你的力气不够，"麦克说，"你需要用两只手。"

说完，麦克又为他换了壶温水。"不，爸爸，我再也不拎水壶了，"查理胆怯地后退着，"我知道，这很危险，我再也不碰了。""你一定要再试一试，你有这个能力。"麦克鼓励他，"用我教你的方法，你一定行的。"

在麦克的指点下，查理又试了一次。这次，他安全地把水壶取了下来。

麦克的想法非常简单："要给孩子失败的机会，面对失败，一次次改正错误，直到成功，这不只是教孩子学习并掌握能力，同时也是教他一种人生态度。"他成功了，因为，他的想法是正确的。

孩子的胆量生来是不一样的。有些孩子天生不爱说话，害怕生人，不敢表现自己，我们宁可把这看成是他的性格特点，而不要简单地看成是缺点。有些孩子胆小，家长也有责任。家长安全意识过强，老是吓唬孩子，孩子干什么家长都说"危险"，久而久之，孩子就会总结出一条经验，那最可靠的办法是什么也别摸，什么也别干，在我们成年人看来，自然就是胆小怕事，没有勇气。

因为家长的过度保护，珠珠自理能力很差，十分胆小。别的小朋友在那里玩滑梯，她躲得远远的。老师走过去，问："你看好玩吗？"她说："好玩。"

老师说："那咱们走近一点。"老师就拉她靠近滑梯。她看别人玩得那么高兴，越看越眼馋。老师进一步诱导说："你也滑一个好吗？"珠珠吓得赶紧往后面缩。

老师说："这么办，我抱你，咱俩一起滑，好吗？"珠珠勉强同意了。

在老师的怀里，珠珠有安全感，她和老师一起滑了下来。老师问："好玩吗？"她说："好玩。"老师又问："害怕吗？"她说："不害怕。"

老师说："你真勇敢！这回你自己玩，好吗？我在旁边保护你。"珠珠终于敢自己玩滑梯了。

珠珠的老师做得非常好，她对珠珠没有任何的指责，也不是放弃不管，而是为孩子设立具体的小目标，允许孩子尝试，成功了立即表扬，终于使她自己敢玩滑梯了。试想，如果这位老师冷冰冰地讥笑珠珠："人家都玩滑梯，你怎么不去！胆小鬼！"结果会如何？这种老师不是没有，这种家长也就更多。家长如果遇到个胆小的孩子，以珠珠老师为榜样就行了。

现在的孩子在上幼儿园之前，很少有与同龄人交往的经验，在家里受到所有人的保护，这种生活使他们根本不具备应付挫折和压力的能力。进入幼儿园后，有的孩子本身先天适应能力较差，面对新的环境感到特别拘谨，面对这么多处处不再护着自己的小朋友和老师，他们会从内心感到害怕和孤独。这时，如果家长忽略了对孩子适应新环境的教育，忽视了安慰和鼓励孩子，孩子就很容易变得胆小怕事、退缩，当他们面对种种压力时，由于不知道怎样奋起反抗，只有退缩到自己的内在世界里以躲避外在世界的伤害。

有的家长整天把孩子关在家里，不准孩子与其他孩子玩耍，或者对孩子过分迁就、溺爱，也是使孩子不适应新环境的原因。孩子因缺乏与同龄人交往的技巧，只好采取逃避的行为。有的孩子由于自身存在某种缺陷，如口吃、长相不好等，在新环境中受到了极大的伤害，从此失去自信心，慢慢地就变得再也不敢当众发言，大声说话，生怕被别人注意到，恨不得躲到没人的地方。初生牛犊不怕虎，因为它不晓得老虎厉害，会咬它。等它长大领教了老虎的厉害，就不敢等闲视之了。

培养孩子的勇气，我们给家长们的建议是：

别刺伤孩子的自尊心。有的家长老是指责孩子："你看人家，小嘴叭叭的，你再看看你，像木头疙瘩似的。"这种"定位"式的批评特别容易刺伤孩子的自尊心和自信心，正好强化了他的怯懦。

不要批评，要有耐心，要鼓励孩子经常和小朋友一起游戏、交往，教给他一些与同龄人交往的技巧，培养他对新事物的兴趣，养成热情、活泼的性格。对孩子存在的能力缺陷及时加以训练和培养，如孩子本来说话表达不清，母亲可以和孩子一起每天坚持表达训练。家长应注意发现孩子的闪光点，对他的优点经常加以鼓励，使孩子从中获得尊严。当孩子要面对新环境时，家长应向他详细描绘新环境的情况，教给孩子适应新环境的方法，并教给孩子勇敢地去面对。

学会欣赏孩子。应该告诉孩子自己喜欢他，欣赏他的所作所为，哪怕是一点点小事，如孩子懂得体贴大人，知道关心别人等，这样，孩子就会更好地接受自己，经常鼓励孩子，让孩子觉得家长永远都支持他。当遇到困难和挫折时，可以向家长寻求帮助。如每天晚上花10分钟倾听孩子的谈话，对孩子的自信心就是极大的鼓励，对孩子的每一点进步加以赞扬和欣赏是使胆小怕事的孩子变得勇敢的一个有效方法。让孩子帮助你做一些力所能及的事，如买东西、摆桌子、寄信等，通过这些活动，胆小的孩子会逐渐认识到自己是有能力的，胆子也会越来越大。

6.孩子跌倒的时候，别着急扶他站起来

有人曾经问一个孩子："你是怎么样学会滑冰的？"孩子天真地回答："跌倒了爬起来，爬起来再跌倒，然后再爬起来，就学会了。"孩子跌倒以后，不同的人，采取了不同的做法。

做法一：扶起来。

孩子跌倒以后，一些家长会赶快跑过去扶起孩子，给孩子拍着身上的灰，安慰孩子不要哭；有的把小孩扶起来后不再让他自己走，而是背着走路；有的朝着绊倒孩子的地出气，说"这地真坏，看妈妈怎么打它"，以此来安抚孩子……

这种做法受到了猛烈的抨击。批评者认为，如此的教育方法使得孩子脆弱、独立性差、过分依赖家长，并断言，在家长庇护下的孩子长不大！

做法二：自己站起来。

澳洲人多数带着两至四岁的小孩到购物中心玩，因地滑小

孩摔倒了，家长都不去帮忙扶起来。看到第一、第二、第三个我都未引起注意，看到第四个、第五个我就有点不理解，向女儿提出了问题："为什么小孩跌倒了大人不去扶起来？"女儿回答我："这是他们一种好的教育方法，让孩子在哪里跌倒就在哪里爬起来，从小就养成独立生活能力。据澳洲人讲，这样有三种好处：一是让小孩知道跌倒是自己不小心，今后多注意不要再跌倒了；二是小孩跌倒了，他自己支撑起来，可以锻炼小孩的毅力；三是小孩跌倒了，让他自己爬起来，不娇惯他，能养成他独立生活的态度和能力。"

这种做法，被专家学者广泛推崇。

做法三：别急着站起来。

一个旅行者在行进的途中，突然改变了原来选定的路线，决定抄近路前往目的地。没想到，在他穿越那片看似很平坦的草地时，没走几步，脚被什么东西猛地绊了一下，把他摔了个跟头。对此，他没太在意，从草地上爬起来，揉了揉有点儿疼的膝盖，继续前行。但是没走十几步，他又结结实实地摔了一跤。这一回他没有急着站起来，而是躺在那里，一边揉着受伤的腿，一边仔细地打量着脚下的草地。

原来，绊倒他的是一个草环，那是一种丛生的植物，用疯长的、极柔韧的枝蔓编织成的一个很隐蔽的草环。在他跌倒的周围有很多很多这样的草环，行人稍不留意，就会绊一个跟头。待他坐起来，将目光往前一延伸，不由得大吃一惊，掩藏在繁花绿草间的，竟是一片可怕的沼泽。

转到另一条安全的路上，他仍在庆幸刚才跌的那个跟头，更庆幸自己没有像第一次那样，漫不经心地急于爬起来，而是细心地查清了让自己跌倒的原因，还认真地打量了一下自己原本的道路。

事后，他又心有余悸地听说，那片隐蔽在草地深处的沼泽，不久前还吞噬了两个粗心的过路人呢。

所以，当孩子跌倒的时候，先别急着让孩子站起来，不妨让孩子看看是什么绊住了自己，只有找到摔倒的原因，才能不再重蹈覆辙，避免更大的伤害。因为每个人在人生旅途中，都难免会遭遇到各种各样的挫折和失败，能够不被挫折吓倒，勇于从失败中重新崛起，这固然可贵，但是善于冷静地观察、分析，总结失败的原因，真正弄清楚究竟是什么东西让自己摔了跟头，从而避免再摔跟头或少摔跟头，却是更可贵的。因为成功不仅需要信心、激情和坚韧，还需要清醒的头脑。

再看看孩子们自己的处理方式。

做法四：一起跌倒。

几个孩子正玩得不亦乐乎，一个小家伙突然摔倒在地，并立即哇哇大哭起来。一个小女孩一看那跌倒的小家伙，愣了愣，接着，跑了过去，装着一下子跌倒了，就跌在那小家伙的身旁。她跌倒了，还笑得咯咯响。那小家伙一看小姐姐，也笑了，抹抹泪，又玩起来。

这几种方式其实无所谓优劣之分。孩子跌倒了，把他扶起来，这样的教育方法照样出人才呀！

而且让孩子自己站起来的做法也未必就是科学的。曾经就有一位家长以"孩子跌倒了，自己站起来"的模式教育儿子，她在践行这一模式的过程中，即便孩子从很高的滑梯上摔下来，她除了在言语上给予鼓励之外，也不给他提供任何帮助。孩子也确实坚强了很多。

但这位家长有一次在家中爬上高凳取东西时，不慎摔了下来，疼得难以支持。她要求站在身边的儿子扶一下她，可是儿子只是冷冷地站在一边看着她！在她的强烈要求下，孩子才勉强地把妈妈扶起来，没有说任何安慰的话。这次意外的摔倒事件使这位家长震惊不小，由此引发了对"孩子跌到了，自己站起来"这一做法的反思。她觉得孩子在"自己站起来"的过程中，固然可以变得"坚强"，但同时也会变得冷漠和缺乏同情心。

所以，一味地强调"孩子跌倒了，自己站起来"的做法并不可取。在孩子需要安慰的时候，家长有必要伸出关爱的双手，扶一把孩子。所以，在孩子跌倒以后，家长应根据不同情境，针对不同孩子的不同情况，采取相应的措施。

这其中，最耐人寻味的是孩子一起跌倒的做法。那个小女孩当然不会考虑她行动的方式和意义，但她确实是以一个共同遭遇者的身份去感染小家伙的。小女孩的行动自然而然，且充满灵性，没有刻意雕琢，信手拈来，仿佛生命与生命之间本就该如此。作为成人的我们，在引导和教育孩子的时候，是否应该放下自己高高在上的自以为全智的身份，看看同样的事件，孩子们会怎么处理呢？也许从孩子的身上，我们可以找到教育与生命的本真！

一位美国儿童心理卫生专家说："有十分幸福童年的人常有不幸的成年"。很少遭受挫折的孩子长大后会因不适应激烈竞争和复杂多变的社会而深感痛苦。

近年来，一种旨在提高孩子对挫折心理承受力的教育已在发达国家兴起。这种教育的核心是培养孩子一种内在的自信和乐观。

西方有一个颇为流行的观点：幸福既是一种外部的状态，也是一种内在的品质。幸福状态易来易失，如给孩子一件新玩具，孩子欢乐雀跃，但这种情绪很快就会消失；幸福的品质却十分稳定，这是一种感觉良好和产生乐观的素质。西方教育和心理卫生专家几乎公认，对挫折的良好心态是从童年和青少年时不断受挫和解决困难中学来的。家长和教师在培养孩子"幸福品质"方面起着重要的作用。

据西方学者研究，要培养出这种品质，家长应重视家庭中宽松的氛围，在家长把握大方向的前提下，尽可能给孩子更多的选择，而不应事事以自己的喜恶去强求一致。尽管有时孩子的选择是痛苦的，但他们可从中"悟"出点道理。每一个家长都应清醒地认识到他们不可能一辈子呵护孩子，孩子最终要到社会上摔打，建立广泛的人际关系，而这种关系是建立在子女与家长的人际关系以及家长与他人交往的基础上的，热情好客、待人诚恳宽容的家长对孩子有很好的影响。

在一些富裕国家，人们已深刻认识到物质条件的优厚并不是与孩子的幸福感成正比。在适当的物质生活保证下，要教会孩子除了物质外，如何在内心创造这种快活的情绪。西方教育专家认为，堆积物质的溺爱方式对孩子的成长极为不利。有句话叫"幸福的人过着一种平衡的生活"。许多教育家强调在"挫折教育"中应培养孩子从多方面获得幸福的能力。只把幸福寄托在一种追求上，最终往往是痛苦的。有些孩子因父亲不让其玩电子游戏而整天闷闷不乐，而另一些孩子却会很快地从另一种游戏中找到欢乐。兴趣爱好广泛和灵活调整目标对那些有"专长"的孩子尤其重要。

西方"挫折教育"的另一重要内容就是培养孩子对受挫的恢复力。乐观的孩子不是没有痛苦，而是能很快从痛苦中解脱，重新振奋。家长和老师应认真培养孩子在"黑暗中看到光明"的自信心和技巧。

此外，西方专家一致认为，家长对生活的态度很大程度上影响孩子的认识。患得患失、斤斤计较、悲悲戚戚的家长常常有同样品质的孩子。

某教育界人士说，"挫折教育"说白了就是使孩子不仅能从别人或外界的给予中得到幸福，而且能从内心深处激发出一种寻找幸福的本能。这样在任何挫折面前才能泰然处之，永远乐观。

因此，家长们应该做的是：

转变观念。家长应首先排除对挫折的害怕心理，不要老是担心孩子会不会出事，不要限制孩子在学校的活动量。要敢于让孩子面对形形色色的挫折，并鼓励孩子有意识地在挫折中磨炼自己，珍惜自己每一个微小的进步，拥有自信心，提高其心理耐挫力。

让孩子认识到挫折并不可怕。挫折具有两面性，一方面可能使人失望、忧郁、痛苦，另一方面，也可以使人聪明、坚强、成熟。问题是在于自己能否从挫折中学到点什么。英国作家萨克雷有句名言："生活是一面镜子，你对它笑，它就对你笑，你对它哭，它也对你哭。"

教育孩子积极地对待挫折。告诉孩子遭受挫折时，不要盯着它不放。挫折已经发生，就应该冷静、积极地面对它，分析它，解决、摆脱它。如果始终深陷其中，用苛求的目光看待自己努力的结果，就会懊恼、悔恨、沮丧、痛苦，那滋味犹如泥泞的沼泽地，你越是不能很快从中脱身，它就会让你越陷越深，以致磨掉前进的信心、勇气和热情。

结合各项活动，穿插挫折教育。"吃一堑，长一智"，人生不可能永远是充满欢乐的筵席，难免会碰上各种困难，甚至摔跤。定期让孩子参与一些旅游活动，野外生存与拓展训练，开展自救训练，设置模拟情境，提高孩子对困难的解决能力和生存发展能力。让孩子走进一些教育基地、工厂、社区，走到田间地头参与现场实践，植树种草，让他们真正体验一下劳动的艰辛和快乐，培养吃苦耐劳的精神和克服困难的毅力。

发挥榜样的力量，感染孩子。榜样原力量是无穷的，在具体榜样形象的感染下，孩子能加深对挫折的认识，激起内在的上进热情，提高把挫折转化为自我锻炼成长的自学行为。可用古今中外名人志士百折不挠、英勇不屈的事迹来感染孩子，孩子以这些英雄人物为榜样，并以他们的事迹作为测量自己的尺度时，其挫折就会成为新的努力的起点、新的成功的台阶。

第四章

不打不骂激发孩子内在的学习力

1. 不必给孩子加上"第一名"的重担

　　都说要给孩子更多的空间，让他们自由发展，不要用过多的条条框框去束缚他们，可是孩子生存于世，总是要完成自己身上的那份担子。他们不仅承载着家长的希望，还承载着亲戚、朋友们的期盼，而期盼的最好兑换方式就是获取更多的第一名。所以很多时候我们会听到孩子喊着要考第一名，而尽管第一名只有一个，孩子们还是会为此而努力。

　　有些孩子因为自己的争强好胜拼命地想拿第一，也曾在失败后泪流满面、情绪低落，也曾怀疑和否定自己，更曾为了拿第一，想到了用某些不诚实的手段，还曾因为好朋友、竞争对手超越了自己而对对方心生嫉妒。这些都给第一名套上了太多太多。第一名已经不再单纯是孩子努力的目标，反而过早地让这种第一名的欲望压倒了孩子的人生，孩子拼命努力只是为了个第一名。其实，我们每个人都知道学习不是生活的全部，名校不是生活的意义。所以，对待第一名要有健康的心态，切不可为此而产生不好的心态。

在小里明还没有上学的时候，他就经常会为了为什么自己不是伙伴中最漂亮的而苦恼，为此妈妈特意给他买了最帅气的衣服，打扮小里明，还经常跟家人说小里明从小爱臭美。

到了上学的年纪，可这小里明凡事爱争个"最"的毛病并没有改，他想做成绩最好的、最聪明的、最惹人喜欢的小孩，于是他平日里做事小心翼翼、一丝不苟，总是要看过周围人的意见才行动。小里明的妈妈觉得做事尽善尽美是应该的，但是小里明连写作业也要求特别干净，如果有一点点的脏，他就会把整篇作业擦掉重写，而且什么都喜欢争第一，跑步没得第一不高兴，考试得了99分也要大哭一场。他还特别爱钻牛角尖，经常为了一个标点符号而和老师争辩半天，要求老师把那0.5分给他加上，不然他就一个劲地缠着老师。

小里明这种过分要求自己的行为，不仅给自己带来心理压力，经常愁眉苦脸的，更是让家长操尽了心，成天为他怎样得第一而苦恼，而他也是成天像小老头一样愁眉不展的。

其实，生活中像小里明这样的学生很多，他们积极向上，努力勤奋，做什么事情都非常认真，已经是很优秀的学生了，但他们对自己要求也非常高，非要每次争得第一名才行；如果没达到理想目标，他们就会感到自卑，甚至还会出现强迫行为。可是第一名从来也只有一个，很多人都只能是后面的名次，每个人都有机会争取，但第一名永远不是目的，而是一种奋进的榜样，要正确对待取得第一名；否则，只是功利地想要争得第一名，会导致学习内容的断裂，影响学习成绩，更严重的还可能引起忧郁症、焦虑症等心理疾病，给整个成长都压上沉重的枷锁，即使孩子将来有所作为，孩子的一生也都是沉重的，很难有欢乐的人生。

考了第一名，固然能使孩子树立自信心，进而肯定自我、赏识自我。但若失败了呢，就是要灰心丧气、一蹶不振，甚至自暴自弃了吗？答案是否定的。在孩子成长的过程中追逐成绩是积极进步的表现，但一时的成绩并不能代表什么，只能是作为一种鉴定孩子的进步程度的参考，指明孩子下一步努力的方向。而作为家长，要给孩子树立正确的成绩意识，不要一味对孩子强调成绩的重要，非要让孩子取得第一名，而忽视了对孩子心理和精神的关怀和抚慰。孩子成绩的提高，要一方面靠努力，一方面要靠避免失误。在帮助孩子进步的同时，家长应该经常反思一下：我们对孩子的要求是不是过高了？孩子承受的压力是不是太大了？如果是的话，家长更应帮助孩子放开思想的包袱，以一颗平常心来对待每一次考试，并在考试结束后，帮孩子客观地分析成绩，让孩子意识到自己的优点和不足，让他明白学习如同生活一样，是有得有失的，得到的要继续把握，得不到的应该努力而为之。

教育好孩子，把孩子变成最好的人，就是要根据孩子的特点来教育孩子，让他们认识到自我的价值，肯定自己的学习能力。

成绩并不是界定好学生与坏学生的标准，只是界定孩子学习成果的一个标准。有的孩子会从中得到改正的办法，获得更广阔的发展天地，而有的孩子只会看着成绩喜怒哀乐，责备自己没有好好学习，从此背上了成绩的枷锁，终日不得快乐。其实，人的生命中有很多重要的东西，孩子除了学习外，还有参加劳动体悟收获、关爱别人的能力，更应该掌握面对挫折的能力。只有用饱满的爱面对亲人、朋友和自己，才能更好地面对人生。

而家长对于孩子"第一名"的攀比心理，以及争强好胜的行为，应给予积极的开导，告诉他们不要老是横向比，还要纵向比；不要总和别人比，也要和自己比。拿不到第一名，说大了只是孩子生活中的一个挫折，孩子要学会正确看待其中的得失，学会承受挫折，并要按照自己的情况，肯定自己比以前有进步，自己以往未知的领域变成了已知的领域，那就是一种成功，就是家长心目中的第一名。

家长对孩子的要求不要落到预定一个具体考试分数上或者是考试名次上。生活中，很多家长都会在考试前规定孩子一定要考多少分、多少名，以为这样便可以让孩子把压力变成动力，激励孩子多用心于书本。实际上，这种要求对于那些心理素质脆弱的孩子来说，更不利于他们在考试中发挥正常的水平。所以，家长不妨把孩子的目标定低一些，要求孩子发挥出自己的水平即可。

改变家庭教育中"分数看能力"的观念。家长要鼓励孩子正确看待进步，尤其是妈妈不应过于细致或焦虑而成天念叨孩子的学习成绩，应该适当给小孩一些自由空间，让孩子自己规划自己的学习，自己鉴定自己的进步。当孩子因为成绩不好闷闷不乐时，足以说明他们已经认识到自己的不足，家长不应再去责怪孩子，而应该趁机帮他分析失败的原因，给他一些安慰。

帮孩子树立评价自己、认识自己的新标准。孩子因受家长或者学校教育的影响，会自己制定完美、苛刻的自我标准，如果按照这种标准严苛要求自己是不健康的。家长应该帮助孩子树立一种合理、宽容、注重自我肯定和鼓励的标准，让孩子学会多看到自己的优点，学会看到自己的进步。

别拿自家孩子和别人比。有些家长在自己孩子的面前夸别人的孩子好，其实却在无意间打击了自己孩子的自信心。实际上，学习是一个人能力不断提高的必要手段，是一个人完善自我的过程，有进步和提高就是好现象。

考试只是一种表现自我的方式，并不是验证自己成功与否的标准。很多孩子在考试时都出现紧张情绪和症状，其实这是正常的现象，只能说明孩子自己很重视每次表现自己的机会。但是过度的紧张情绪，会导致情绪的压制，影响孩子考试水平的发挥。所以，家长要告诉孩子没有必要紧张，拿起笔开始写字，写真实的自己就好。

2. 孩子注意力不集中怎么办

　　家长时常担心、抱怨的孩子注意力不集中不外乎这样两种情况：一是孩子往往无法将注意力集中于他所不感兴趣或有压力的事情上，显得心不在焉；二是粗心大意、忘性大，重复错误，多次叮咛不见效果。

　　作为家长需要了解到，注意力是人的心理现象，分为无意注意和有意注意。一个人从无意注意到有意注意的形成需要有一个发展过程：人在出生后的最初一段时期，只有无意注意；在教育培养下，随着生活经验的增长和语言的发展，有意注意才逐渐形成和发展起来。学龄前和学龄初期的孩子无意注意占优势，注意力容易随外界事物的变化而转移。有些家长不了解孩子无意注意占优势的心理特点，要求孩子"老老实实"坐着，布置做枯燥的计算题或提前练字，等等，孩子总是很难做到。应该说绝大部分孩子的注意力发展是正常的，家长大可不必过于担心。但是要遵循孩子心理发展规律，关心并培养孩子的有意注意，为今后健康地成长和有效地学习打好基础：

学习成绩好与成绩差的学生之间最明显的区别之一就是注意力能否集中，可以说，注意力是保证学生顺利学习的前提条件。虽然说注意力是智力的组成部分，但它又是后天因素影响而形成的，经过系统的培养和矫正是可以改善的，所以关注和培养学生学习注意力就是面向全体学生大面积提高教学效果的有效途径。

古今中外的一些杰出人物的成功实例也证明了注意力在一个人的成功过程中的重要作用，牛顿做实验时，把手表当鸡蛋煮；居里夫人课间演算习题时，身旁被搞恶作剧的同学堆满了凳子，竟丝毫没有察觉；爱因斯坦在思考问题时，竟把和他一起乘车的小女儿忘记了；比尔·盖茨童年曾痴迷计算机；数学家陈景润童年痴迷看书、做题；昆虫学家法布尔在童年观察昆虫习性，从早到晚伏在大石头旁看蚂蚁搬家。

上了中学后，很多孩子依然存在注意力不集中的问题，不仅上课不能专心听讲，下课无法有效完成作业，而且还产生了厌学情绪，甚至逃学行为。其实，这些孩子在小学就存在注意力和自觉性不够的问题，但是由于学习成绩还过得去而未被重视，到了中学阶段，尤其是初二，学习成绩急剧下降。中学生的注意力问题主要表现在以下几个方面：

从小就不爱运动，体育不好，协调性差，动作磨蹭，效率很低，动手能力很差，喜欢坐在家里看书，很少下楼，很少干家务事。这样的孩子虽然也坐得住，但是，学习并不专心，在数学、物理成绩方面影响比较大。因为心理学家早就研究发现，动手能力、运动协调性的发展与抽象逻辑思维的发展密切相关，所以，在上述方面能力欠缺的孩子很容易影响理科成绩，尤其是擅长语文、英语的女同学，体态较胖而协调性差的同学，都要注意这个问题。

中学生的情绪容易波动，如果不喜欢某个老师，就不喜欢这门课。如果喜欢某个异性同学，就忍不住上课也胡思乱想。如果家长闹矛盾，孩子也焦虑不安。同学间的关系、老师的态度都极易影响中学生的情绪，进而影响学习效果。

在美国，10岁以下的儿童中有6%—10%患有"多动症"。这是指一种过量的、无法自控的活动。症状常常表现为精力分散、多动、注意集中时间短。一个患有"多动症"的儿童不能安静地坐在椅子上或放慢动作的节奏。真正的多动症是大脑神经的紊乱，可以由儿科医生来治疗。过度的紧张可以引发或增强孩子的多动症。

多动症的孩子除了多动之外，还会有其他问题。第一，由于受到同龄人的排斥，他会产生一些心理方面的问题。他的过分紧张，过剩的能量不但会惹恼成年人，而且也会使同龄朋友离开自己。他很快会觉得自己不如别人，很快就会失去自尊。第二，在校期间他很可能在学习方面存在问题。他的注意时间非常短，很难坐在座位上，集中精力听课，这样他就会影响和干扰他人，甚至会给别的孩子带来伤害。

以下的教育原则，可供家长们借鉴：

安排孩子学习和活动时间不要超过20分钟，以免他产生疲劳而把注意力转向其他事物。

家长指导孩子学习或从事其他活动时，应该给孩子清晰的语气指令，以激发其集中注意力。而家长的过分唠叨，往往适得其反，助长孩子注意力分散。

家长倾听孩子讲述事情，以及和孩子共同活动时，首先要以身示范，聚精会神听讲，避免敷衍和漫不经心。

注意孩子的学习环境是否有让他分心的事物。例如：客厅的电视机声太大，窗外有孩子在玩，桌上有漫画等。

只要孩子有一点进步，就要立即给予赞美鼓励，不要对他心灰意冷或怒加斥责，孩子在轻松的学习气氛下易集中注意力，学习效果也好。

3. 不要限制孩子的奇思妙想

　　歌德是个独生子，家长很疼爱他，对他的教育也十分用心。父亲经常拉着小歌德到公园里游玩，或者到田野里散步。这些时候，父亲总要教他唱些通俗易懂的歌谣，父亲的用意是想在游戏中向儿子灌输一些知识。

　　母亲的教育艺术更不亚于父亲。在歌德刚刚两岁的时候，妈妈每天像上课一样给儿子讲故事，先从讲小故事做起，并且形成习惯。然后给儿子讲一些"长篇"故事。妈妈讲故事的方式也和一般人不同，她是用一种教学形式来"实施"的。每当她讲故事的时候，她的"故事教学"不是一个劲地"满堂灌"，而采用像中国的章回小说形式一样，每次讲到一定阶段，或是讲到重要转折关头时，就突然停止，宣称"休息"，然后让歌德自己去联想下面的情节发展，甚至让他推想故事的结局。

　　小歌德总是为此做出各种猜想，有时还跑到奶奶跟前认真商量。第二天，当母亲继续讲故事之前，小歌德说出自己设想的情节。他的母亲常常会高兴地叫起来。

　　家长出色的家庭教育，使歌德在文学、音乐、绘画多方面受到了良好的熏陶。歌德8岁时便能精通四国语言，成年后写下了许多名著——如《浮士德》，一直流传于世。

　　我们常常惊叹：美国在科技创新方面总走在世界前列！然而许多人却不知道或不愿意接受美国的《公民权法》中的两项规定：幼儿在学校拥有两项权利：1.玩的权利；2.问为什么的权利。

　　据说，这一规定与美国历史上的一个精神赔偿案有关。

　　1968年的一天，美国一位3岁女孩指着一个礼品盒上的"open"对她妈妈说，她认识第一个字母"o"。这位妈妈非常吃惊，问她是怎么认识的。女孩说是幼儿园的老师教的。这位妈妈在表扬了女儿之后，一纸诉状把幼儿园告上了法庭，理由是该幼儿园剥夺了孩子的想象力。因为她女儿在认识"o"之前，能把"o"说成是苹果、太阳、足球、鸟蛋等圆形的东西。但是，自从幼儿园教她认识了字母之后，孩子就失去了这种想象的能力。她要求幼儿园对此负责，并进行精神赔偿。

　　此案在法院开庭时，这位妈妈作了如下辩护："我曾在一个公园里见到两只天鹅，一只被剪去了左边的翅膀，放在较大的水塘里；另一只完好无损，放在很小的水塘里。管理人员说，这样能防止它们逃跑，剪去左边翅膀的因无法保持身体平衡而无法飞行；在小水塘里的因没有足够的滑翔路程，也只能待在水里。现在，我女儿就犹如一只幼儿园的天鹅；他们剪掉了她一只想象的翅膀，过早地把她投进了那片只有ABC的小水塘。"

陪审团的全体成员都被感动了。幼儿园败诉！

家长是孩子的第一任老师。然而我们的许多家长望子成龙心切，过早地用成人的观点教育孩子，常常否认，甚至耻笑孩子的想象。孩子进入幼儿园后，幼儿园为满足家长的心理，开始教孩子许多所谓规范的知识。进入中小学之后，更是把孩子"好玩"的天性视为"洪水猛兽"，进行严厉的教育。在教学中，教师常常把自己的观点强加给学生，总是强调答案规范统一。这样就扼杀了学生的想象力，不利于学生创造能力的培养。

想象力是人对未知事物在头脑里的一种虚幻的解释，正因为有了想象力，才会促使人想尽办法去实现想象中的事物，想象力是动力的源泉，在实现理想的过程中，不断探索，不断失败，继而不断总结，又不断进步，周而复始，形成了宝贵的经验，就是我们今天学习的知识。

　　知识来源于生活实践，随着知识掌握程度的不断提高，人越来越能看清自然界的发展规律，这反过来又促使人产生更多的联想，目的只有一个，即充分认知这个世界，认识自己。

　　当今世界许多事物在20世纪，或者更早的时候，都存在人们的想象中，通过科技的进步和生产力水平的提高，才逐一被实现。比如，电话、电视、飞机、火箭，等等，不都是人们受到某种启发或看到某种现象，从而产生想象，在大脑里构建蓝图，然后通过艰苦的努力和尝试实现的吗？

　　那么面对孩子们天马行空的奇思妙想，家长应该做些什么呢？

　　1.指导孩子丰富头脑中表象的储存。

　　因为表象是想象的基础材料，所以，谁头脑中的表象积累得多，谁就有更多的进行想象的资源。在日常生活中，要启发孩子多观察、多记忆形象具体的东西。去博物馆参观，到郊区游览，参观各种公益活动，走亲访友等，都可以记住许许多多的表象。为了记得多，记得准，记得牢，可以请孩子用语言描述，或者家长与孩子相互描述。还可以通过写日记，把头脑中的表象再现出来。

　　文学作品、电影、电视，形象化的东西特别多，让孩子有意识地留心各种各样的人物形象和景物形象，有利于增加其头脑中表象的积累。

2.指导孩子扩大语言文字的积累。

想象以形象形式为主，但离不开语言材料，特别是需要用口头语言或书面语言将想象的内容表述出来时，语言材料起了重要作用。因此，要让孩子扩大语言文字积累。比如，背诵的课文要记牢，要有一个文学名句、名段摘记本，随时把阅读中遇到的名句、名段摘抄下来，而且利用休闲时间翻阅。这样在想象时，就可以拓宽想象的天地，增加想象的细密程度和丰富程度，从而促进想象力的发展。

3.支持孩子参加课外兴趣小组活动。

课外兴趣小组活动是驰骋想象的广阔天地。不论是音乐、舞蹈、美术、体育、书法，还是天文、地理、生物、化学、航模、舰模、电脑，每一种兴趣小组活动都有大量的形象化的事物进入脑海，而且需要进行创造性想象才能完成活动任务。这对于提高孩子的想象力十分有益。当孩子们的兴趣小组成果得到展示或者获得表彰奖励时，他们的积极性会更高，想象力会突飞猛进地发展。

4.鼓励孩子编故事、讲故事。

孩子在小时候，喜欢编故事、讲故事，有时讲给小朋友听，有时讲给爸爸妈妈听，有时还自言自语。家长应该看到这既是锻炼表达能力的好机会，也是发展想象力的好机会。要积极鼓励孩子，不要冷言冷语，更不能随便阻止。家长可以引导孩子按照某个主题去编去讲，适时地给予赞扬，指出不足。好的故事，让孩子用笔记录下来，不断修改。天长日久，孩子的想象能力会越来越强。

4. 让孩子远离学习焦虑症

现在许多孩子只要一提学习，马上变成苦瓜脸，非常痛苦。而我们很多家长就是弄不懂学习这么重要，为什么孩子却会痛苦？不学习能有前途吗？不学习能有以后的发展吗？所以厌学就是个性上的胸无大志，没出息，是品质上的懦弱、无能和愚蠢的表现，所以家长更多的是用榜样来鼓励，用物质来刺激，实在不行就指责和惩罚了，但是目前很多事实说明，这种"黄油加大棒"的做法收效甚微。

心理学认为厌学的孩子对待学习有一个痛苦的神经链，他一想到学习，就会感到痛苦，这是一个心理学现象，而孩子的心理为什么会有这条"神经链"呢？

比如，一个孩子刚刚开始学习写字，写错了，或者是算算术题出错了，成年人就会轻则指责，重则呵斥、惩罚，恨铁不成钢。孩子在学习方面能犯多大的错呢？不过是做错一道题，写错一个字，一次考试没考好。但是，我们家长由此的愤怒和指责却是多么严重，由于一次写错字，一次做错题，一次考了70分，就会被家长评价为没出息，丢人现眼，从而自信心扫地。我们有的家长不仅仅指责，还有一个鲜明的态度就是"你不许哭，憋着"！

长此以往，孩子一想到学习，就想起家长的狰狞面目，就想到自己毫无价值，丢人现眼，所以就出现了痛苦的感觉……我们在很多地方为孩子"建立"了一条又一条痛苦的"神经链"，孩子越来越无法忍受，小的时候隐忍，大了之后就会逃避。

人的一个主要的心理特点是，追求快乐，逃离痛苦，成年人和孩子都是如此。不是所有孩子都厌学，爱学习的孩子，肯定能从学习中感觉到快乐，厌学的孩子肯定是感到学习痛苦。如何让孩子快乐学习，享受学习，做阳光男孩、阳光女孩，这才是每位家长值得探索的问题。

厌学问题一直是令人头疼的问题，最多见的原因是学习压力太大，孩子承受不了，选择逃避。有些孩子在小学或初中学习成绩一直很好，但升入初中或高中后，学习内容、方法、环境等都变了，自己在班上不是名列前茅了，心理上不能承受挫折。这些孩子往往是从小一帆风顺，在家里、学校一直受到家人和老师的喜爱和呵护，没有经历过任何挫折，所以，一遇到困难就受不了了。

另一部分压力则来自家长。家长的期望值过高，孩子的心理、身体上的压力大大增加。家长陪读，造成孩子缺乏学习的自觉性，难以领悟学习的过程，难以独立地解决遇到的新问题，他们体验不到独立解决问题后的成功的快乐。

其次是孩子的学习目的不明确，青春期的孩子开始关心的人生命题是："我为什么学习？我将来成为什么样的人？"由于许多家庭给孩子提供了过于富足的物质条件，孩子在家里从不做家务，从不担心经济上的困难，孩子当然没有要通过学习而改变现状的愿望，现在家里的钱好像都花不完，为什么要学习？而那些家庭生活条件艰苦的孩子，反而学习目的很明确。同时，由于现在家长功利性过于强烈，这样，孩子体验不到获取知识本身的快乐，而只注重别人对自己学习成绩的评价。孩子对知识本身不感兴趣，自然将学习看作苦差事。

有些孩子则是由于生病或某种原因在家休息了一段时间，受到了家长周到的照顾，再去学校的时候学业有些跟不上，又不愿意付出艰苦的努力，更愿意在家什么事也不做。家长一方面给孩子提供安乐窝，一方面在精神上一味地要求孩子学习，而学习生活又是那么单调乏味，孩子当然不会选择学习了。

另一种原因是自己不会学习。不会学习的孩子学得累，学得烦。这些孩子往往学习时不集中注意力，不能把新旧知识联系起来进行学习；不能选择有关重要的内容而抛开不重要的内容；无法将学到的知识正确、合理地表达出来。由于孩子不会学习，面对日益繁重的课业内容，自然产生厌学情绪。

家长和老师要正确对待孩子，注意循循善诱。对于孩子的学习要求，应注意到孩子的年龄、智能水平，不能马虎，也不能苛求，不溺爱，也不放纵，使正在长知识、长身体的儿童，从小得到健康的发育。

要注意孩子的学习负担不要太重，要讲究教育方法，加强课堂教学，提高课堂学习效率。课外作业不宜过多，要保证孩子有足够的睡眠时间和充分的娱乐时间。

要帮助孩子树立克服困难、提高学习的信心，培养坚强的意志和开朗的性格，这对于防止焦虑症的出现，具有十分重要的意义。

对于已经出现焦虑症状的孩子，严重的病例，要进行心理治疗，如支持性心理治疗、行为治疗等。有的孩子还要配合药物治疗，如服用抗焦虑药物、阿普唑仑等。但这类药物要在医生指导下使用，不可随便服用。

5. 别让孩子患上考试焦虑症

每次考试，爸爸都会拿着试卷，指点着周周犯错误的地方，训斥他："这里根本不应该错，只要你认真检查，就可以改过来！"批评之后，爸爸就会以各种理由，要求增加他的学习量。周周把自己关到房间里，看着书桌上堆着的各种趣味数学啊，概念语文啊，有种要呕吐出来的感觉。

考试的问题，虽然严重，但周周还算能忍受得住，毕竟，考试不是每天都进行的，最重要的考试，一年只有两次。

周周最受不了的，是爸爸竟然会到学校，到班级的窗口下，看他是否认真听讲。

有一天，他正在上课，忽然一扭头，看到爸爸的身影，在教室窗外一闪而过。而这个时候，周周手里正握着一个他最喜欢的公仔。周周手足无措地把公仔放回到书包里，脑门上冒出了细细的汗珠。

周周觉得自己病了。一坐进教室，就心慌气短，老师说什么也听不清，总是想往窗外看——他想把学习成绩提高上去，可是几经努力，却显得力不从心……

广州某中学的一名高三毕业班女生说，随着开学日期的逼近，她开始"觉得梦想遥不可及，一想到如果高考失败，就会很心慌"。她的乐观和自信发生了动摇，取而代之的是一种恐慌感和窒息感，想起要去学校就很烦，"我告诫自己尽量让心境保持平静，但根本做不到，自己颈上就像有一个绳套，自己逐渐用手收紧，已经喘不过气来"。

她说经常做梦，梦见考试，也经常梦见自己拿着一大堆书等车去学校，可是等了一天车也不来。

考试焦虑是当前中学生中存在的较为普遍的心理问题之一。据调查，大约有10%—15%的学生对考试存在着不同程度的焦虑，特别是学习基础比较差、性格比较内向、学习方法不够灵活的学生最容易产生考试焦虑症状，有的学生还伴有失眠和神经衰弱等症状。

考试焦虑是指学生在应试情境下，通过不同程度的情绪性反应，表现出来的一种心理状态。如果焦虑情绪达到比较严重的程度，就可能发展为考试焦虑症。考试焦虑情绪是一种常见的、基本的心理体验。而有考试焦虑情绪的学生大部分会感到不同程度的学习困难，记忆力下降，精神难以集中，注意力易于分散，思维似乎停滞。记得很熟的单词怎么也想不起来，面对题目看了多遍，不知是什么意思。生理上则容易疲倦、失眠、多汗、厌食、心跳加速、头脑混乱，甚至引起神经衰弱。

产生考试焦虑的原因一般有以下四个方面：

第一，不能正确对待考试，担心考试不及格。这类学生主要是基础比较差，学习比较吃力，学习方法不当，把考试看得过于严重，如果考不好，如何向家长、老师交代？如何面对同学？以及这次考试是否会从此决定我的命运……由此，思想上产生压力，又因压力超过心理负荷而造成过度紧张。

第二，疑虑考试失败。学习好的同学心理上总想保持住自己原有的优势，担心保不住原来的名次，在心理上出现了自责、自卑和难以克服的精神压力。于是背着沉重而又紧张的思想包袱，每当考试时就会自然产生种种想法，诸如担心再次失败的焦虑情绪等。

第三，外部压力大。在考试成绩上，老师和家长对学生的过高要求，也是造成心理压力的主要原因。有的学生怕考试出错，把考场纪律也视为一种精神上的"压力"。考试时，明明自己在思考着问题，却不知不觉地担心自己是否违纪了，造成心理障碍。

第四，大脑休息不足。有些学生，为了考试拼命复习功课，以致睡眠不足。如果再不注意营养和睡眠，心身需要的能量得不到及时的补充和缓冲，也同样会陷入焦虑之中。

一些患有"考试焦虑症"的学生，即使到了成年，也时常被考试的噩梦惊醒。造成考试焦虑症的普遍原因是考前准备不足，"心里没底"造成考前紧张，甚至连自己会的题目也会张冠李戴。敏感、缺乏自信的学生容易产生考试焦虑症。另外，一些学习成绩较好，但过分看重考试成绩、担心自己考不好会丢脸的学生，也会产生紧张情绪。

那么家长应该怎么做呢？

帮助孩子提高自信心。告诉孩子：无端的忧虑与苦恼，对当前复习有百害而无一利。当前最重要的是按照复习计划有条不紊地进行，扎扎实实做好各种准备，这才是自己应取的态度。这样针对每一种担忧，自己与自己辩论，以提高自信心。

帮助孩子通过控制呼吸缓解焦虑。具体做法是：保持坐姿，身体向后靠并挺直，松开束腰的皮带或衣物，将双掌轻轻放在肚脐上，要求五指并拢，掌心向下。先用鼻子慢慢地吸足一口气，大约数四个节拍，然后慢慢吐气，也用四个节拍，每次连续做4—10分钟即可。也可以闭上眼睛做，边做深呼吸边想象一些美好的情景，效果会更好。除了在安静的环境中进行深呼吸外，也可以在看电视、走路、临考前去做。

引导孩子大胆想象。人的想象具有暗示、补充、预见功能。考试前通过对一些广阔的、宁静的、舒缓的画面或场景的想象，达到放松身心的目的。这些画面和场景可以是田园风光、海上日出、轻舟漂荡……

消除给予孩子的错误暗示。一是坚决杜绝用"完了，孩子糟糕透顶了……"这类消极语言暗示自己或者孩子。二是消除大脑中的错误信息，如"没有考好，老师会轻视""爸爸、妈妈会受不了"等，告诉孩子：不应过于顾虑失败的后果，应该用"我努力了，我问心无愧""我能成功"等话语宽慰放松自己。

6. 跟孩子一起学习

　　和孩子一起学习是快乐的，现在的孩子大部分是独生子女，希望有一个伙伴，如果家长和孩子做伙伴，孩子开心，家长也会找回童年的记忆，家长是孩子的第一任教师，孩子的言行和爱好是在家长的熏陶下形成自己的特点，和孩子一起学习，在一个书的环境里，在大自然中，你会感到世界真的很美好。

　　确实，现在的家长，往往抱怨孩子不理解自己养家糊口的辛苦，指责孩子泡网吧不学习，一股脑儿地把责任推给社会，而他们沉醉在无聊的应酬和消遣里，把学习丢了，缺失了再学习的能力。

　　学习不光是学生时代的事，也不局限于你的专业领域。为家长者，更应该善于和孩子一起学习。

　　学习什么？孩子已经给出了答案：了解国内外大事，跟得上时代步伐，能够和他们一起进步。

说实话，这不是一个很高的要求，很多家长却不能够持之以恒。古人云：十年树木，百年树人。我国自古就崇尚教育，中国人以重视下一代的教育而闻名世界，但我们却不得不承认，现实中，我们的许多家长却走偏了路。一些人以为给孩子找个名校，或是一掷千金，让孩子少小离家远赴海外当小留学生，就是对他们教育的大投入，就可以一劳永逸了。殊不知，这种把教育的责任推出去的做法却铸成了很多的错误和悲剧。

怎么学习？孩子也给出了答案：和他们一起学习。我们发现，这个调查结果令人惊异，其实，很多孩子并没有在意家长的收入，而是更看重知识的力量，这无疑是我们这个社会、这个民族的希望。面对这些充满希望的下一代，家长们应该幡然警醒了，在浮躁和迷失中静下心来，关上电视，撤掉麻将，在温暖的灯下，和孩子们一起阅读和讨论，把你的爱镶上知识的金边，融入孩子纯洁的心灵，呵护他们健康成长。

许多家长经常教育孩子"多动脑子""好好用功"，而忽略了"以智能育智能"这一重要规律。心理学调查发现：思维活跃、分析问题条理清楚的孩子跟他们的家长有直接关系，这些家长在谈话间明显地表现出思维的准确性和逻辑性，善于动脑筋。因此，促进孩子智力发展，家长首先应加强自我学习，并积极投入与孩子一同的智力活动中去。

　　读书、看报。读书、看报能接受更多更新的信息，在家庭中传递信息时，家长还要谈谈自己的认识。读书过程中养成划出重点、剪贴感兴趣的文章和记读书笔记等阅读习惯，在潜移默化的教育中，孩子自然也会喜欢上读书、看报。

　　小型家庭智力竞赛。进行竞赛的方法多种多样：必答、选答、抢答；口述、手写、动作；记分、淘汰、小奖品。这项活动还可以针对孩子在学习中的弱点进行，激发学习兴趣，扩大知识背景。

　　家庭辩论活动。生活中有许多现象、问题是家长和孩子都感兴趣的，但看法未必一样，就此开展辩论活动，各抒己见，也是项不错的活动。如果在家庭中形成讨论、辩论的风气，每个家庭成员的水平都会提高，还能矫正有些家长一人说了算的不民主作风。

　　智力型家务劳动。所有的劳动都有明显的智力因素，如：饭，怎样做能节约时间？菜，怎样做才好吃、好看？大扫除，先干什么，后干什么；拖地板，怎样才能擦干净？等等。在家务劳动中引导家人开动脑筋，大脑必然得到锻炼。

　　解决家庭难题。家庭中遇到的问题，只要不是必须回避孩子的难题，均可让孩子一起参加解决难题，让孩子知道有关情况，听听孩子的意见。在孩子参与处理这些事情的过程中，不但发展了智力，还提高了他的责任意识。

　　向孩子请教。家长应有向孩子学习的意识，有些知识家长可以直接以孩子为老师。比如，孩子的英语学得更好了，家长也可以多问问孩子，这样更会提高孩子的兴趣，如果孩子发现自己不能回答家长的问题，就会很自觉地去学习，这样的学习方式难道不比听写、默写更能促进孩子的学习兴趣吗？

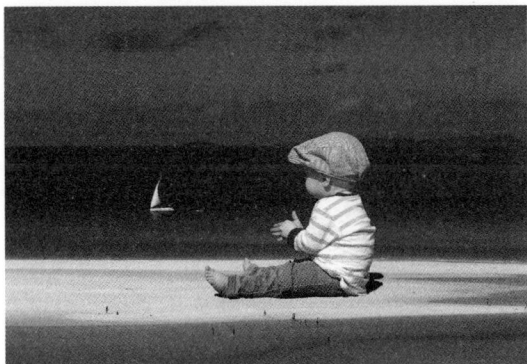

第五章

好习惯让你的孩子更优秀

1. 怎么引导教育霸道、不讲道理的孩子

"我家宝宝简直是小霸王，不如他意就大哭大闹，最后我们只能妥协，顺应他的要求。""我家孩子就像一头蛮牛，年纪小小却很有自己的意见，拗起来，十头牛都拉不动。"这种霸道的孩子不少，总是让家长伤透脑筋！是自己教育方法不对吗？该如何让小霸王变成小乖乖呢？

现在独生子女越来越多，家长的关爱往往集中在一个孩子的身上，以致小孩容易变得以自我为中心，十分霸道，不知惜福，不愿意负责任，难以承受挫折，不愿与人分享，过去教育所强调的"同情心，帮助别人"，如今在孩子身上越来越难见到。

一般而言，造成孩子霸道、不讲理的原因，有下列几项因素：

一是家长过分溺爱。

孩子要什么有什么，凡事有求必应。现在的家长因为只有一个孩子，不但受到长辈们疼爱，更受家长们用心的关照。因

此从出生到会抓取物品、会爬行、会登高、会走路，孩子所有的一举一动，所用的一衣一物，家长们总是想尽办法满足他们的需求。因为在每个家长眼中，孩子就是宝贝，是心头一块肉，如此也渐渐养成孩子予取予求的霸道行为。而当孩子有霸道行为出现时，家长又认为没关系，认为他只是个孩子，而未能加以辅导并给孩子适当的纠正；因此，日积月累之后，孩子就会觉得凡事都理所当然，也因此变得越来越霸道。例如：有一位上托儿所的小朋友，母亲非常疼爱她，每天送她来学校时，她一定要在车上先做交代，同时要妈妈依其顺序一一告诉老师；下车时，妈妈还须抱着她，再背着书包走到教室内，然后妈妈需依照孩子在车上所交代的内容顺序，一一地复述给老师；只要妈妈说的顺序有错，这孩子马上就哭闹说妈妈说得不对，要求妈妈重新再说一遍，因此她的母亲只好将内容重新更正再念过一遍。直到妈妈全部念对，孩子才会停止哭闹，以至于每天早上都会见到孩子的母亲不断地在重复做此交代："老师，我们今天有四件事情要交代，第一件事情是，我们今天要在幼儿园吃干饭的；第二件事情是我们还没睡足；第三是我们有点肚子痛；第四是我们还想睡觉……"

二是年龄的关系。

一般来说，孩子在一岁前，霸道行为出现情形不多，主要是这时期的孩子口语表达能力还不足，因此虽然会有身体上的反抗，但还不会让家长伤透脑筋。可是随着孩子年龄的逐渐增长，他开始有自己的想法，同时也想摆脱旁人束缚，自己决定怎么做，因此会开始出现"不要"的字眼、"不要"的动作和"不要"的行为。而且现在的孩子比较早熟，大约在一岁八个月时就会出现很强烈的自我意识，有时拗起来，十头牛都拉不动，而这种霸道的行为会持续到三岁左右。

三是个别差异。

每个孩子不但是一个独立的个体，他们还都会以自己的速度，通过一般的行为阶段。因此有些孩子极具社会性，能愉快地和他人相处；有的孩子则很害羞，只对那些他熟悉的人有反应；有的孩子心中不愉快时会尖叫、大吵大闹，愤怒地发泄一场；有的孩子则是皱皱眉或低声哭泣就算了。每个人天生气质不同，所表现出的行为也有很大的差异。

四是模仿。

就社会学习观点来说，孩子深受家长以及大众传播媒体影响，例如：电视、卡通，等等。而且如果家长本身很霸道，孩子发现家长这种行为，往往耳濡目染之下也跟着模仿、学习。

那么霸道的孩子如何教？

适时地辅导和纠正。当孩子有霸道行为出现时，家长应先处于他的立场设想，试着了解他的心情。对孩子的霸道行为，勿过于迎合或敷衍，应当适时地给予辅导与纠正。从行为治疗的观点来看，当孩子有好的行为表现时，要给予鼓励和肯定，强化他这种行为，孩子一旦受到肯定，心中便会意识到何事可为；而当孩子表现霸道行为时，则须给予辅导和纠正，孩子便能知道何事不可为。

培养和孩子讲理的习惯。家长要学着每一件事情都要和孩子讲理，让孩子慢慢了解和接受。如果孩子年纪小，还不了解或听不入耳，家长也不必强求或过分期待孩子接受，因为孩子每天都在成长，随着他身心的成长，孩子会学得较为讲理。切勿"以霸治霸"，以免误导孩子，以为霸道可以解决一切。

内心慈爱，处理事情态度坚定。家长事先可以和孩子共同商定原则，让孩子了解和赞同，原则确定后，就要坚持且切实执行，家长不可轻易妥协。尤其在碰到危险的紧急情况、会伤害到孩子的身体时（例如，触摸电源、热水等危险物品），则可用强硬的制止手段，立刻禁止这种行为，然后立即与孩子解释"不行"的原因；若孩子无法理解，不排除以"打手"的方式来禁止。

寻求长辈们的经验。每一位孩子的天生气质不同，因此家长所用的辅导方法将因人而异，因此若能寻求长辈们协助，通过其经验承传，将能使家长在教导孩子时更得心应手。

　　帮助孩子建立人际关系。霸道的孩子只顾自己，不会考虑到人际关系，因此在孤单的环境里，霸道的行为会显得更为强烈。因此可多带孩子去参加社交场合，例如庆生会，让孩子在和别的孩子的共同分享中，学习到施与受的关系，进而觉得没有霸道的必要，而能建立良好的人际关系。

2. 孩子没有时间观念、爱磨蹭怎么办

　　面对迟到，你会怎么对待孩子？事实上，有的孩子说，迟到算什么，即使是早到了也只能自己干等着，还不如等到人多的时候再去呢。这样的想法，就会让孩子从小就没有遵守时间的概念，时间久了，就会形成拖拉、懒散的习惯，长大以后很难适应集体纪律的约束。可见，迟到是一种不好的习惯，必须及时纠正。

　　这些经常迟到的孩子，不仅是上学迟到，就连朋友约会也会迟到。对待孩子迟到的坏毛病，批评轻了，没有作用；批评重了，留下阴影。家长要以做思想工作为主，辅以一些必要的处理手段，掌握好对孩子批评的尺度，如果适得其反，就不好了。一个合理的教育方法，会让孩子明白迟到会造成别人的等待，自己不爱等待时的孤寂无聊，别人也不会喜欢。同时，家长要明白，教育不等于处理，教育需要智慧，需要有耐心和爱心。

再过几个月，小贤就要上小学了，小贤心里很开心。可是小贤妈妈却不怎么开心，因为上小学后，小贤每天都得按时起床，上学是不能迟到的。幼儿园的到园时间是7：30到8：30，尽管每天小贤妈妈都会按时叫小贤起床，可是小贤总是会迟到那么一点点。

小贤妈妈觉得自己就是那个跟在小贤身后的小皮鞭，每时每刻地盯着他，看着他刷牙、洗脸，还时不时地督促他快些，可是他却总是磨磨蹭蹭的。不仅如此，写作业、练习钢琴等事情，小贤也总是这样的。这可真是难坏了小贤妈妈。

像小贤这样总是迟到的孩子，做事很磨蹭，即使家长在身后不停地鞭策提醒，孩子也还是会迟到。而孩子总迟到，原因很可能是孩子对上学或者对将要做的事情没有兴趣。其实，跟孩子上学一样，大人上班迟到也是因为对工作没有热情，如果我们对工作兴趣大、热情高，即使上班的路再远，也会克服困难保证准点上班。孩子更愿意把时间用在感兴趣的地方，而不是那些他们习以为常的惯例中。

生活中，如果孩子对学习缺乏热情、缺乏兴趣，或是跟老师、同学闹意见，就容易出现莫名迟到或消极学习的情况。所以，平时我们要注意了解孩子在学校生活中遇到的问题，千万不要让孩子因为害怕上学、畏惧上学而影响了学习，养成拖延和迟到的坏习惯。

心理学家戈尔曼为了分析孩子们延迟满足的能力，曾经做了个这样的实验。他在每个小孩的桌上都放两颗糖，并告诉这些孩子："如果你现在吃，马上可以得到一颗糖，并且只有一颗糖；如果你能坚持20分钟，等我回来后再吃，这两颗糖就都归你了。"戈尔曼说完后就出去了，留下一群4岁左右的孩子待在房间里。

一部分小孩迫不及待地抓起了桌上的果汁软糖，眨眼之间糖就被他们咬到了嘴里。另外三分之二的孩子选择了等待20分钟得到两颗糖，这20分钟看起来是如此漫长，他们不得不克服需要的即时满足和延期满足的斗争。为了抵制冲动和诱惑，他们有的闭上双眼，把头枕在双手里，有的在喃喃自语，或者哼哼唧唧地唱歌，还有几个小朋友做起了游戏，剩下几个干脆睡着了。20分钟后，戈尔曼回到了房间，等待的孩子如愿得到了两颗糖。

后来，心理学家戈尔曼通过跟踪这些孩子以后在社会生活中的行为表现发现：那些在4岁左右就抵制住了糖果诱惑的孩子以后的学习成绩明显比较好，他们成为自信，不会轻易向困难低头，适应性、独立性强的好少年；而那些在4岁时就抵制不住一颗糖的诱惑的孩子，学习成绩要落后一截，好冲动行事，遇到压力就畏缩不前，自尊心很容易受到伤害。成年之后，有耐心的孩子在事业上也比不会等待的孩子更成功一些。实验也说明了一个道理，自制力是成功者重要的心理素质。

日本的教育家多湖辉回忆起自己的童年，他小时候向母亲要玩具，总是要延迟一两个月才能得到，还要完成一定的工作，因此，对得到的玩具总是特别珍惜，这也逐步培养了他超过常人的持久力。

因为戈尔曼的实验是拿糖果做诱惑物的，后来人们就把延迟满足效应称为"糖果效应"。了解了糖果效应的作用，家长都希望自己的孩子学会坚持与节制，选择等待得到两颗糖果。毕竟，孩子的道路很长，面临的诱惑很多，如果仅仅满足当前的需要，往往迷失了真正的目标，便不能像实验中等待的孩子一般得到人生中的第二颗糖。

家长千万不要给迟到的孩子找理由开脱。有些孩子经常迟到，老师批评、同学提醒都不管用，而有些家长，出于对孩子的溺爱，主动帮着孩子找借口，比如，堵车了、表慢了，或闹钟没响睡过头了，总之是常问常有理。家长如此不让孩子勇于承认错误，慢慢地，孩子就会觉得迟到是合理的，反正都有爸爸妈妈顶着呢。所以，当发现孩子迟到时，一定不要袒护孩子，而要和孩子一起承认错误，并且找到改正错误的办法，孩子才不会养成迟到的坏习惯。

那么家长们要怎么做呢?

1.家长要以身作则。家长尽量少熬夜，按时起床，孩子自然会受到好的影响。

2.做事情前，大人先把时间表告知小孩，包括要等到何时才能做什么，或者大约要花多少时间做什么事情。让孩子可以做到心里有数。有时候，大人可以跟孩子说"等我把碗洗好，再……"或者"晚餐弄好就去做什么"，等等，让孩子有准确的时间概念。

3.转移注意的"作业"。比如孩子在等待的时候，可以让其数数、唱儿歌或玩玩具，也可以鼓励孩子自己找点事来做。

4.对于孩子的等待，大人要肯定孩子，并根据孩子的表现斟酌后进行奖励。孩子愿意配合等待，事后给予赞美或糖果、玩具、延长游戏时间等回馈，强化孩子继续如此做的动机。

5.带孩子做需要耐心的事。例如培育花草、制作蛋糕或钓鱼等，在实际操作中，让孩子知道要花费时间才能获得成功，等待是一个好的过程。

6.帮孩子拟定作息表。生活中，尽量规划好其看电视、吃点心、外出游玩等活动的时段，时间到了才能进行下一个项目，帮助孩子学习等待。

3. 孩子做事总是半途而废怎么办

在孩子学习与成长的道路上，孩子和家长都应该选好目标坚持下去。有些家长太过心急，错将宝宝无法长时间专注的现象归因于宝宝容易放弃。其实幼儿的专注时间多半是短暂的，2岁时专注在一件事的时间，最长只有5分钟，4岁时约达10分钟，5—6岁以上宝宝可达15—20分钟，孩子很容易就产生"我做不到，我坚持不了"的想法。遇上困难或需要耗费长时间的事情，很容易就想放弃，这很可能就会养成做事无法有始有终的不良习惯。

坚持是各行各业先进人物的取胜方法。一个18岁的小伙子，职高毕业后开始做送水工。送一桶水可以挣2元钱。他每个月的收入除了负担自己简单的生活，还可以剩下几百元钱。这份工作，他做了5年。5年后，他自己开了一家送水公司，成了个小老板。

当朋友们问他怎么做到的时候，他这样说道："在这个中等城市，有着很多家送水公司，但这些送水工，能干上3年的很少，干上5年的，更是少之又少。毕竟这是苦、累、脏的活儿，几个愿干那么久？我是有心干5年的，5年来我拼命地记下客户，我把客户当上帝，搞好关系。因此我一开张，他们都愿意来订水，因为他们记得我这个人。"

一个普通的送水工，他认认真真地干一件事，坚持了5年，他便在此行业做出了卓越的成绩，创造出一个崭新的人生。而在这5年中，送水工的工作全如第一天那般苦、累、脏，但是送水工不怕。因为坚持行进，即使是蜗牛也会爬上树枝，看见最灿烂的风景。

有人说，坚持是人的天性。其实，坚持指的是面对困难的持续力，与性格上的固执并不相同，是后天可以培养的。固执的小朋友不代表就一定能勇于解决问题、坚持做对的事。从小就培养孩子的持之以恒的习惯，孩子才不会因为遇到小小的挫折就放弃，而会面对挑战不退缩，努力找出解决的办法。

对坚持度低的孩子，大人要给予鼓励，而不是数落孩子。比如："你怎么这么没志气，还没做就说不行？""你真是很没用的孩子！""连这点小事都做不好，长大后怎么得了？""再不努力点，就会被别人比下去了！"

　　大人可以把事情拆开来，一个步骤一个步骤地要求孩子做到。孩子每天完成大人要求的一个步骤，而大人不要过度要求过程中的完美，只要孩子能每天依约定完成事情，就给予口头肯定。等全部完成后，再鼓励孩子，说他已经能够学会坚持了。其实，每天做好一点点，就可以把整件事情全部做完了，而只要坚持一下，任何事情都难不倒孩子。

　　适当的鼓励和奖赏，是坚持的动力。大人可以给宝宝做个备忘录贴纸，并在每一张贴纸上写出一件希望孩子完成的事情，贴在孩子的床前。提醒孩子完成一张贴纸的事情就可以拿来换想要吃的点心。每次孩子换奖品时，要不断地鼓励他、称赞他继续完成其他贴纸上的事情。

　　提高孩子注意力的最佳途径是经常读书给孩子听。准备几个与尝试、坚持、努力有关的故事，经常说给孩子听，让孩子建立可以模仿的偶像。向孩子灌输"放弃一切，就绝对没有希望"的观念，并引导孩子勇于面对问题和挑战。每天大人都安排一段固定的读故事时间，尝试使之成为一种习惯。大人必须逐步教导，培养孩子聆听的能力。最开始不妨从一页只有几行字的绘本开始，再逐步使用文字较多、图画较少的童书，逐步发展到有章节的故事书和小说。

4. 如何改掉孩子说谎的坏习惯

　　大人们会经常给孩子讲《狼来了》的故事，并告诉他们如果常说谎话，就会像故事里的小孩一样遇到危险时也不会有人相信他的话，最后死于自己编织的谎话中。听完故事的孩子们深信不疑，并坚持不说谎话。但随着年纪的不断增长，孩子的心里也会有些小秘密不想告诉大人。

　　其实，有时候大人也要像孩子一样单纯些，不能用敏锐的眼光把孩子的小伎俩揭穿。只要孩子不迷恋成瘾，大人就可以给孩子犯小错误的机会，并指出那些错误的危害，让他们自己主动去回避。即使孩子的那些错误是三番两次的，大人们也没必要用冷漠的言辞批评。其实一个细微的动作就能感染孩子，当他们意识到自己的小伎俩是错误的，就会自己改正。多关心，多鼓励，给孩子一个自己的空间，才是给他们提供自己管理自己的平台。

淘淘是个调皮鬼，每天都有旺盛的精力。大冷天的，小家伙就背着家人在阳台玩水。虽然他也知道妈妈发现了会很不高兴，不过，他很会找借口，一见到妈妈从房间出来，他就赶紧走进来说："妈妈，我衣服没有湿，你不要摸喔。"妈妈从这话中听出小家伙是不打自招，于是眼尾一扫，发现淘淘的袖子和裤脚全是湿漉漉的，知道这孩子玩水了。可是妈妈并没有当面揭穿淘淘的谎言，只是趁淘淘不注意时摸了摸裤子，还好裤子厚，里面没湿，不用换。

淘淘自己玩够了，便把红薯拿到房间里偷偷吃，看见妈妈进来，慌忙收起红薯掩饰说："妈妈，我没吃。我现在把红薯放回去，要一块块地放才行的。"接着淘淘把妈妈拉进房间，关上门，然后笑嘻嘻地说，"妈妈，我要吃钙片和鱼肝油。"妈妈疑惑地想，每天早上家人都会给淘淘吃药啊，于是问他："今早爷爷没有给你吃啊？"淘淘说："没有，你不要问爷爷喔。"妈妈差点笑出声来，可是也没有拆穿他，而是告诉淘淘钙片和鱼肝油应该早上吃，不然会上火流鼻血，淘淘听后便不再叫嚷着要吃了。

从以上事例不难看出，淘淘撒谎，一方面是为了不受大人责备，另一方面是为了达到自己想要的某一目的，而这些目的正是妈妈所不允许的。但是，妈妈一看就能明白淘淘的撒谎技巧太不高明了，但并没有当面点破淘淘，而是通过简单的言语提示，让孩子自己知道怎么做才是对的。

说谎，是每个孩子都会经历的，是一个孩子想要追寻自我管理的正常现象，所以家长对此并不需要惊慌，反而应该庆幸自己的孩子也成长到想要自我独立的阶段了。

面对这种情况，大人千万不要用"你撒谎"这类语言来指责孩子说谎了，这样只会让孩子觉得羞惭与自卑，因为孩子之所以说谎，就是因为知道自己做错事了。大人也不要追问或者找来第三者来对质，要对孩子的谎言给予更多的宽容。既然是自我发展的本能，我们便要允许孩子在一段时间内撒谎，表面上不表态也不做任何评价，让孩子放松情绪，只要暗示正确的做法即可。

著名儿童心理学家皮亚杰说，撒谎是一种成长的自然倾向，它是自发而普遍存在的。这种"撒谎"无关乎我们成年人心目中的道德理念，却是儿童心理发展的必经之路，可以将其当作儿童自我中心思维的基本组成部分。

一方面，孩子的经验和记忆力有限，他们会为了博取成年人的关注而"捏造事实"，刻意错误地诠释某个事件。另外一方面，他们的思维具有以自我为中心的特性，会为了达到自己的目的而不顾及事实真相，以为家长不知道就没什么大不了。

比如当孩子打碎了碗，他们很有可能就会告诉妈妈是小狗打碎的，以此来保护自己。而实际上，孩子的谎言，并不是要危害什么，很多时候，他们并不能区分"事实"和"谎言"的现实意义，于是就不知道说真话的重要性，更不明白"撒谎"的严重性。

生活中，小孩子会常常沉浸在自己的小把戏中自得其乐，以为自己做了件天衣无缝的事情，甚至可以骗过"无所不能"的大人。

他们或者因为家长承诺孩子达到其希望后给予某种奖励，一心想要奖励而说谎；或者是做了错事，家长一贯以非打即骂、严重体罚来对待孩子，一心想逃避惩罚而说谎；又或者，家长反对孩子一心想要做的事，为了完成自己的心愿，孩子便会偷着干，家长问起来，就只能说谎了。

大人对于孩子的这些无伤大雅的小把戏，一定不要拆穿，而且要尽量配合他们，适度给予他们积极的引导，不能等孩子养成说谎的习惯后再来纠正，而是要暗示孩子有时候想做的事也是会被允许的。

其实生活中，孩子说谎的原因很简单，只要家长对孩子多一点理解、爱心和耐心，告诉孩子说谎不是达到目标的捷径，通过正确途径才能满足自己的心理需要，让孩子知道大人不仅关心他们的行为，更关注他们的内心需求，孩子就会真实地面对你。

而为了彻底纠正孩子说谎的坏习惯，家长们应该做好以下几件事：

不要当面揭穿孩子的谎言，一再追问事件的根源。我们要先了解孩子为什么撒谎，他是出于什么目的，如果不是什么原则性的问题，就要保护孩子的自尊心，并给予纠正。而孩子面对大人的一再追问，也只好继续用谎言遮掩谎言，既加深了自己的内疚和不安，也使家长更加火冒三丈。

讲道理要耐心。当孩子想要某样在我们看来没必要添置的东西时，便会想出一些谎言，以欺骗的方式来达到目的。所以，不如讲明白你的道理，让孩子明白。而不是强行把孩子拉回来，或者欺骗孩子下次再买，又或者选择承诺给他们更有必要买的东西。

家长应该树立榜样。孩子也会察言观色，见多了以后，也会模仿成人。大人无心的说谎，可能会成为孩子的"榜样"。

表扬孩子的诚实。大人在孩子交代完真实的情况后，应该表扬其诚实，而不是不分青红皂白地惩罚孩子。最后，还应该帮孩子分析问题，找出解决办法。

习惯性说谎也要治。你可以先发制人，告诉孩子你知道他会对你说谎，你什么都知道，于是孩子就会说出真相了。

交换说谎的感受，让孩子不去说谎。为了让孩子尝到谎言的滋味，家长也可以对孩子说谎。这样，孩子就知道不应该说谎了。

5. 怎样帮孩子养成自律的习惯

　　有这样一则小故事，威特6岁时，父亲带他去附近村子的牧师家去做客，并在他家住了几天。第二天吃早餐时，威特弄洒了一点牛奶。按威特家的规矩，撒了食物是要受罚的，只能吃面包和盐。威特很爱喝牛奶，加上牧师全家都非常喜欢他，给他的牛奶是经过特意调制的，此外还有上好的点心。威特的脸红了一下，迟疑了一会儿，但终于没有喝牛奶。

　　父亲假装没看见，牧师家的人看到这种情况，沉不住气了，再三要他喝牛奶，可儿子还是不肯喝。牧师家的人不明白他为什么不喝，就一再劝说，威特终于说："我洒了牛奶，就不能喝了。"牧师家的人都说："没关系，喝吧，一点关系也没有。"父亲只顾吃自己的点心，仍然假装没看见。威特还是不喝，于是，牧师全家推测，威特一定因为怕父亲责备才不敢喝，就向威特的父亲发起了进攻。

　　这时，威特的父亲让威特出去一下，然后向牧师全家说明了原因。他们听了都说："一个才6岁的孩子，因为一点小过错就不能吃他喜欢吃的东西，你的教育也太苛刻了吧。"威特的父亲解释说："不，威特并不是因为怕我才不喝的，而是因为从心里认识到这是约束自己的纪律，所以才不喝。"可牧师一家还是不相信，威特的父亲只好说："既然这样，那么我离开餐厅，你们把威特叫来，再劝他喝，他肯定还是不会喝。"说完就离开了。

　　他们把威特叫进去，热情地劝他喝牛奶、吃点心，但毫无作用。接着他们又换了新牛奶，拿出新点心对威特说："吃吧，你爸爸不会知道的。"但威特还是不吃，并一再说："就算爸爸看不见，但上帝能看见，我不能撒谎。"他们又说："过一会儿我们就要去散步，你不吃东西，半路上要挨饿的。"威特回答说："没关系。"牧师一家实在没有办法，只好把威特的父亲叫进去，儿子激动地流着泪如实地向父亲报告了情况。父亲听完后对他说："威特，你对自己良心的惩罚已经够了。我们马上要出去散步，你把牛奶和点心吃了，不要辜负了大家的心意，过一会儿我们好出发。"儿子听父亲这么说，才高兴地把牛奶喝了。

　　一个6岁的孩子就有这样的自制力，牧师全家感到十分敬佩。

读了这个故事，不知你有何感想，大家可能和牧师家的人一样，也认为老威特的教育太严格了。是的，从某种意义上说他的教育确实很严格。通常，严格的教育会给孩子带来很多痛苦，但他的教育却没有。这是因为他的教育方法合理。对孩子的教育就是这样，只要从小抓起，孩子就不会感到任何痛苦。孩子之所以害怕严格的教育，是因为刚开始时的教育方法不当。教育孩子，就像砌砖头一样，一定要打好基础，老威特正是很好地做到了这一点。

按这样的教育思路，老威特从一开始，就对他要求很严格，家规始终如一。要知道有时允许孩子这样做，有时又不允许，反而会给孩子带来痛苦。正如诗人席勒所说，我们不会对未曾得到的东西感到不满足。不允许做的事，一开始就不允许，孩子也就不会觉得有什么痛苦了。老威特根据这个道理，从威特一岁时起，就严格要求，从未考虑过什么"孩子太小可以放宽一些，长大后再严格一些"。

然而，现在的许多年轻家长，高兴时对孩子不管不问，不高兴时又格外严厉，没有一个始终如一的规矩，这种朝令夕改的做法会给孩子幼小的心灵造成紧张和混乱，从而人为地制造教育孩子的障碍。

要教育好孩子，家长必须有一个明确的是非观念，家长自己思想混乱是教育孩子的大忌。另外，家长双方的意见要一致，家长在家庭中的传统形象是所谓的严父慈母，如果这是指家长意见不同，或者宽严不一的话，那么这种家庭教育只能以失败告终。

家长怎样才能在不挫伤孩子的自尊心，不影响发展孩子独立性和主动性的同时培养孩子的纪律性和对自己严格要求呢？

列宁的家长从来不体罚孩子，但也使用过某种处罚。例如有哪个孩子过分淘气做了不允许做的事情，父亲就把他带到的书房里，让他坐在一张大皮圈椅上（孩子们都把这张椅子叫作黑椅子），好好想一想自己的行为。有时候也训诫犯有过错的孩子。这种训诫，既是一种严厉的处罚，同时又是一种唤醒良知的教育。不过，处罚只占次要的地位。对小孩子最通常的方法是诱导。母亲常常把淘气得厉害的孩子领到餐厅去，坐下来和他们一起弹钢琴、唱歌或做游戏，然后说说为什么不能这样淘气。

培养孩子自觉遵守纪律的主要方法，是提出严格的、始终如一的和坚持不懈的要求。不管孩子做出了什么不好的事，家长从不大声呵斥、指责甚至辱骂；也不管孩子的任性使他们感到如何气愤，他们总是善于克制自己，找到合理的办法说服孩子并坚持自己的要求，毫不妥协。

周密地安排好家庭生活有助于进行纪律教育。孩子除上学外，在家中，要为他绝对准确地规定好起床、吃饭、睡觉、做作业、玩耍、劳动的时间，从小养成遵守作息制度的习惯，一年一年地下去，这种习惯就会逐步成为一种自然的行动准则。

不仅是禁止做什么，而且要允许做什么，这对遵守纪律都是有意义的。孩子们的自由是很多的。有时孩子们在家里玩老鹰抓小鸡、捉迷藏、猫捉老鼠的游戏，大喊大叫，哈哈大笑，弄得凳子哗啦响，整个屋子闹哄哄。如果这时家里没有人工作、学习或者休息，就不用制止。因为这是有益于孩子身心发育的运动，也是一种娱乐和消遣。

6. 如何让孩子养成良好的理财习惯

星期日，俊俊爸妈决定带俊俊到公园玩，出发前，俊俊听见妈妈对爸爸说："多准备些钱！"爸爸说："就在市里，花不了多少钱。"俊俊急忙说："爸，只要1000元就可以，买门票，到酒店吃饭，吃完再去逛超市，买我喜欢的超人。"俊俊爸听了为难地说："爸爸一个月的收入才2000元，你一天就要花掉我半个月的工资，剩下的1000元怎么支撑家里的开销啊？"

培养孩子的消费责任，使孩子从小就能在解决经济问题的过程中锻炼经济头脑，唤醒他们的经济潜能，开启他们的"财商"，这是家庭教育必要的一课。家长是孩子的第一任老师，责任在此，不得推卸！

消费学习既是知识方法的学习，也是观念和行为习惯的学习。通过消费学习可以让青少年学会合理安排个人开支，了解和学会计划家庭开支，养成良好的消费习惯。

现代社会商品信息多、变化快，处于成长中的青少年分辨力不够，自制力弱，容易养成不良习惯。而且青少年中的高消费现象，扭曲了孩子间的人际关系，加重了家长的经济负担，不利于他们的健康成长，所以家长需要引导孩子进行正确的消费。

首先，应该让孩子了解家庭的收入和开支。

一部分家长，特别是独生子女的家长，常常在家庭经济紧张的情况下，千方百计地满足孩子的各种消费需求，造成家庭经济更加紧张。

让孩子了解家庭的收入和支出，有助于孩子克服攀比心理和乱花钱的毛病，树立"适度消费"的观念。要使孩子认识到自己还没有真正通过劳动为社会、为家庭创造财富，衣食住行和接受教育要靠家长负担，所以没有理由在生活消费上提出过高的要求。

家长也要有正确的消费观念和消费行为，引导青少年不攀比，不追求名牌。对于孩子的不适当要求，家长要敢于说"不"。

其次，培养孩子节俭的美德。

让孩子明白"别人有的我也可以没有""人穷未必志短，有钱未必有志"。允许孩子在一定条件下自己计划花钱。单纯限制不是解决孩子乱花钱的好办法，对于初中以上的孩子，家长可以考虑在家庭经济允许的范围内，由孩子掌握自己的日常开支，这有助于帮助孩子学会计划花钱。在孩子自主消费的过程中，家长可以给孩子提出建议：量入为出，避免攀比；学会计划，适当存款；比较价格，科学购物；明智选择，自我保护。

再次，不要让孩子受广告的诱惑。

在生活中，经常会有虚假广告，如果你发现了，就要直接告诉孩子，广告的宣传不一定都是真实的，不必被广告的宣传所迷惑。即使广告本身没有问题，也要根据自己的实际需要来进行采购，否则会造成不必要的浪费。

最后，还要引导孩子用自己的力量来帮助别人。

有一些孩子喜欢用家长的劳动所得大方地"献爱心""帮助别人"，这是不值得提倡的。应当教育孩子：靠自己的力量帮助别人才有意义。让孩子知道帮助别人的方式有多种多样，可以是物质的，也可以是精神的，在自己还没有创造财富之前，可以选择别的方式。让孩子理解，"施舍不是帮助"。

那么，如何培养孩子的消费责任呢？家长不妨试试以下做法：

在钱的获得上——教孩子学会通过正当手段获得收入。

适当对孩子的家务劳动（擦桌椅、倒垃圾等）和学习成绩进行奖励，让他有挣钱的机会，但要注意不要时时处处以金钱作为交易。家长要与孩子制订详细的奖罚措施，比如，每天对孩子早睡早起、自觉吃饭等方面进行评价，表现好的打钩，一天有4个钩就能得到一个硬币，如果孩子有突出表现，可以奖励面额更大、数量更多的硬币。

在钱的管理上——培养孩子的储蓄观念，教会孩子简单的储蓄方法。

例如，孩子很想吃炸鸡，如果买份炸鸡需要20元的话，家长可以告诉他："今天只能给你10元，明天再给你10元，你凑足20元时再去买吧。"这样做可以激发孩子的储蓄观念，使孩子学会"把今天的钱存起来，等到明天再用"的简单储蓄方法。当然，教孩子分别用储钱罐和银行存折，把平时的零花钱及逢年过节得到的"红包"积存下来，也是让孩子独立储蓄的办法，但要注意根据孩子年龄、个性的不同，对钱的管理加强监控。

在钱的开支上——培养孩子节约和计划用钱的习惯。

日常中，家长可以跟孩子讲讲自己和其他行业的工作，让孩子明白赚钱要付出辛勤劳动的道理，自觉养成节约用钱的习惯。

除了供给孩子最基本的生活必需品外，有些消费可以让孩子用自己的储蓄去开支。例如，孩子要买玩具或出去游玩，家长可以指导他使用自己的积蓄。这样，不仅可让孩子认识到储蓄的意义，使他体会到用自己的存款来达到目的的快乐，同时还可培养孩子节约和计划用钱的能力。

第六章

高情商的孩子是怎么养成的

1. 没有人不喜欢会说"谢谢"的孩子

有这样一个真实的故事：

一天，刚搬来的邻居小女孩去隔壁串门，邻居捧出一堆花花绿绿的巧克力时，小女孩惊奇地瞪大了眼睛。当小女孩明白这是送给她的时，并没表示出应有的欣喜，也未伸出双手来接，只是犹豫地摇了摇头说："叔叔，妈妈不让我要别人的东西。"尽管小女孩嘴里这样说，可她的眼神分明告诉别人她非常想得到这份礼物。于是邻居开导她："小朋友，你看叔叔是不是坏人？"小女孩肯定地摇了摇头。邻居说："既然这样，你就收下吧，你妈妈不会怪你的。"小女孩终于把巧克力装进兜里，一蹦一跳地唱着歌走了。

谁料过了不一会儿，小女孩又站在了邻居的门外，红着眼睛怯生生地说："叔叔，妈妈说了，谁的东西也不能要，妈妈让我把巧克力还给你。"说着，她把装有巧克力的塑料袋递到邻居的手上，一步一回头地走了。

诚然，品质高贵的人必须拥有自尊，拒绝施舍，拒绝贪婪，年轻的家长让孩子从小就培养不伸手索取，不随便接受馈赠的好品德，是完全应该得到理解和支持的。况且，增强孩子的自立自强、自我防范和保护意识，也十分重要。

但是，孩子的健康成长，更需要爱的阳光，需要亲情、关爱和帮助。只有在爱的阳光沐浴下，孩子的笑容才更灿烂，才会对明天有美好的憧憬；只有在充满亲情和关爱的氛围中，孩子才会由被爱学会爱别人，由被呵护学会呵护别人；只有接受他人帮助然后再去帮助别人，孩子才能逐步学会在人生旅途的跋涉中克服一个又一个困难，一步步迈入成功的殿堂。

如果家长从小教育孩子，除了亲人以外，谁也不相信，对谁也不能有感情，一味拒绝他人，那么长此以往养成的所谓自尊与独立，就必然包含更多的淡漠与孤僻。有了这种封闭的心灵，很难想象孩子将来如何经历风吹雨打，如何在五光十色的社会中立足与生存。就像邻居女孩这件事，如果其家长教孩子在这种情况下接受好意然后再说声"谢谢"，岂不是一种更好的选择？

孩子本来就是爱的结晶，而孩子的成长更离不开爱的滋润与熏陶。年轻家长需要做的，是首先教会他们如何接受爱，然后才能进一步领悟爱、鉴别爱、回报爱。所以，在孩子成长的道路上，别忘了给孩子一个说"谢谢"的机会。

生活中常见到一些孩子毫无规矩，十分任性，个别的言谈举止甚至令人生厌。如：对长辈没有礼貌，对小朋友随意欺侮，说话粗俗蛮横，等等。那么，怎样才能培养孩子良好行为习惯呢？专家们建议家长们能从以下几个方面给予重视。

要和孩子建立一种朋友式的关系。

许多家长在纠正孩子不良行为的时候，习惯用命令式的口吻："把掉在桌上的米粒捡起来吃了！""看看你身上的土，以后再这样就不准你进家门！"

有的家长一时气愤还会出言不逊——"懒鬼""笨蛋"……殊不知，这种不讲道理的强制性管理，往往会因激起孩子的逆反心理而得到事与愿违的后果。

正确的做法是，欲培养孩子良好的行为举止，首先要心平气和并耐心地与他讲明道理。孩子都喜欢听爸爸、妈妈小时候的故事，我们可以将自己儿时的良好行为习惯通过讲故事的形式讲给孩子听，往往能起到潜移默化的作用。

总之，孩子听话的前提是要让孩子完全信任你，这种信任来自开诚布公的交流。两代人在如何培养行为美方面取得一致意见，便可收到理想的效果。

坚持以表扬和鼓励为主的原则。可以先给孩子在行为举止方面确定一些简单的目标和准则，并在实践中，让孩子体会到哪些行为将受到劝阻，哪些行为会获得鼓励。比如当看到孩子主动收拾玩具时，应该及时地称赞或报以满意的微笑。当然，鼓励要以精神奖赏为主，如果动辄给予物质奖赏，便难免造成不良的后果了。

当孩子出现举止不规范的行为时，不可性急，要慢慢地予以纠正。

如孩子同小朋友在玩耍时发生了争执，甚至打了对方，此时家长要就事论事地指出错误所在，说明他的行为为什么不受别人的欢迎和尊重。但切忌"新账老账一起算"，应将问题和孩子本身分开，绝不可伤害了孩子的自尊心。此外，教育的时间不宜过长，对孩子来说，这种"纠正"很容易被遗忘，只有不断提醒和教育，方能收到预期的效果。

不能用成人的行为标准去要求孩子，为孩子创造少"犯错误"的环境，以便减轻孩子心理负担。

比如，若要避免他无意中碰坏贵重物品，就不应将这些东西放在孩子够得着的地方；又如，有的孩子愿意和甲玩而不愿意和乙玩，这本来是孩子的事情，作为家长最好不要干涉，否则便会酿成孩子心理压抑和失衡。一位教育专家说过：行为美的孩子，与其说是家长"教"出来的，莫如说是家长"带"出来的。为人家长者本身的良好素质和良好行为，显然是培养孩子良好的行为习惯的先决条件。

2. "我"很重要，他人也很重要

现在的孩子，自我意识通常很强，而与人合作的能力却相对较弱。在他们心中，"我"是第一位的，很少会在意他人的感受。于是，有的孩子有拒绝社交的倾向，从来都不愿意主动与他人沟通交流；有的孩子懦弱胆小，有的孩子不合群；有的孩子在交往过程中不知道基本的交往礼节；有的孩子在交往过程中不会表达和倾诉；有的孩子缺乏交往的经验和成功的体验……总而言之，有相当比例的孩子缺少合作能力。

合作交往是人类活动的基本形式之一。21世纪是竞争激烈的时代，对人的合作能力提出了更高的挑战。因合作而安身立命，因合作而完善人生的经历，相信每个年轻的家长都曾亲身体验过。孩子虽然年幼，但合作的重要程序却丝毫不减，无论是拥有现时的快乐童年，还是顺利地适应未来的社会生活，都需要他们具备良好的合作精神及必要的行为经验。欧洲心理学家阿德勒说："假使一个儿童未曾学会合作之道，他必然走向孤僻之道，并产生牢固的自卑情绪。"

今日身边的孩子多是独生子女，容易养成一些以自我为中心的习气，然而他们将来要适应的却是充满挑战的社会，有责任感的家长应该摒弃"树大自然直"的懒汉想法，未雨绸缪，在孩子的重要观念养成之初便进行必要的引导。

现代社会在要求人们进行激烈竞争的同时，又需要人们进行广泛的多方面的合作。其实，这两点并不矛盾。同样，人在社会上，如果缺乏与他人合作的精神和合作的能力，那么，他不仅在事业上不会有所建树，就连适应社会都很困难。

从孩子懂事时起，就应有意识地培养孩子与他人合作的精神和能力。那么，如何培养孩子的合作能力呢？

1.让孩子学会悦纳别人。

所谓悦纳别人，是指自己从内心深处真正地愿意接受别人。从实质上来讲，合作是双方长处的珠联璧合，也是双方短处的相互遏制。因此，只有相互认识到了对方的长处，欣赏对方的长处，合作才有了真正的动力和基础。所以家长要常和孩子讲"金无足赤，人无完人"，不能因为别人有这个缺点或那个毛病，就嫌弃他、疏远他。为此，家长要教育孩子多看并善于发现别人的长处，并诚心诚意地加以赞美，而不是采取一种

"不承认主义"。家长自己平时在工作和生活中，也应坚持这种态度来对待他人，成为孩子的表率。

2.教孩子学会分享。

假若孩子凡事都自私自利，斤斤计较，那么他就难以与人友好相处，更谈不上进行有关的合作活动了。因此，家长有必要让孩子表现出一定程度的慷慨大方，体会到分享的快乐。这里面有些家长值得注意的原则和技巧问题，比如要让自己的孩子和别的孩子分享他所喜爱的玩具，切忌对他进行强迫，也无须向他讲一些空洞的大道理。不妨这样跟他说："你玩一会儿，让他玩一会儿，你们俩都高兴，不是很好吗？"适当地引导孩子，多给他鼓励，他就会感到分享对他不是一种剥夺，而是一种增添更新、更多的乐趣的机会。当孩子较小时，家长不妨就对孩子进行这方面的"分享训练"。当孩子手中拿着画册时，家长可拿着一个玩具，然后温柔地、慢慢地递给他玩具，并从其手中取走画册。这样通过反复训练，孩子便学会了互惠与信任。

3.让孩子多参加有利于产生合作关系的活动。

家长可以让孩子玩一些诸如共同搭积木、拼图等需要协作的活动，还要鼓励孩子参与如足球、篮球、排球、跳绳等体育活动。这些活动既有团体之间的对抗与竞争，又有团体内部的协调与一致，这就更有利于培养参与者的合作精神。

4.让孩子学会宽容忍让。

（1）要教育孩子摆正自己在家庭中的位置，让他懂得他只是家庭中的普通一员，不能对他娇惯，不能无限度地满足他的愿望，不能给他特殊权利，让他高高在上。

（2）要求孩子心中有他人，不要总是以"我"为中心，一切只顾自己。

（3）必要时让孩子有一些吃亏让步的体验，以锻炼孩子的克制能力。

（4）多给孩子与同伴交往的机会，使之从中得到锻炼。让孩子在发生矛盾的后果中体味到只有团结友爱、宽容谦让，才能享受共同玩耍的快乐。

（5）要教育孩子理解和尊重自己的长辈，体谅长辈的辛苦，珍惜长辈的劳动成果和对自己的爱护。

（6）家庭成员间要友爱宽容，让孩子从小就生活在一个温馨、和谐、友爱宽容的家庭环境中，使其在潜移默化的影响中，逐步形成稳定和宽容的良好品质。

3. 孩子的直言直语也会伤人

　　总有些小孩平日里说话直，心里有话不假思索就直接说出来了。有些话会让人觉得受伤，可是很多人念及孩子年纪小，便不会计较。但是如果孩子一直这样肆无忌惮地讲话，时间长了便养成了直率的说话习惯，那么他们讲话的时候自然就不会去思考。众所周知，没有经过思考脱口而出的话，带有很大的不确定性，自然也就显得很唐突，甚至带有极大的偏颇性。如果说拳头能伤人的肌肤，那么语言伤害的就是人心，可能比用拳头伤人更狠，因为肌肤被伤了可以修复，而心被伤了可能一生都无法弥补。

　　说话直接一点、爽快一点也不是不可以，可以让别人觉得与你交往没有那么多的顾虑，可是有时候心直口快未必有好结果。很多时候，因为无意中说出来的话，却被有些人存在心里，甚至耿耿于怀，这就是为何有些人会感到莫名其妙地得罪了某个人还毫未察觉。这就是说我们常说的那句"说者无意，听者有心"，有口无心之人心直口快所表达出来的意思并非是真意，而听者却当成了你的真实意思。所以，说话之前三思，是有必要的。

帆帆最喜欢跟着妈妈到超市买东西，琳琅满目的商品让帆帆觉得好兴奋好快乐，她经常在超市里不断地去摸摸这个碰碰那个，突然，"啪"的一声，妈妈就听见帆帆大声地叫起来："啊呀！我打碎了一个鸡蛋。"原来是帆帆把鸡蛋拿在手里左看看右瞧瞧把玩的时候，不小心掉到了地上摔碎了。妈妈觉得很尴尬，就说要买下打碎的鸡蛋。

后来，妈妈在超市结账的时候问帆帆为什么要承认，帆帆却说了一句："花瓶是我打碎的。"妈妈立刻就明白了，原来帆帆是学习故事里敢于承担责任，敢于承认错误的诚实的孩子。妈妈高兴地笑了，可是帆帆这种敢于承担的意识又让妈妈感觉到了为难。

这天，妈妈带着帆帆到邻居张太太家闲坐，帆帆没坐多久就对大人之间的聊天没了兴趣，于是说："张太太，我能不能去看看您卧室里的新地毯？""当然可以啊。"张太太说着，就领着帆帆去里屋了，"难得小帆帆这么有兴趣。"帆帆只去了下卧室，很快就回来了。"妈妈。"帆帆满脸困惑地说，

"我并不觉得地毯让人恶心！反倒我刚刚不小心吐出来的东西比较恶心。"

帆帆的妈妈在日常生活中经常以生动的故事来教育引导帆帆要做个诚实直率的人，因此在超市的时候帆帆果断地就承认了自己的过失。她在妈妈的教育下，更为诚实和直率，从不遮掩她的过失，甚至还心直口快。可是帆帆却因自己的心直口快在邻居张太太家弄出了尴尬，她竟然把妈妈私下说张太太家的地毯不好看、恶心的话直接就说了出来，毫不替妈妈遮掩错误，搞得邻家张太太和妈妈都陷入了尴尬的境地。

生活中，说错话、办错事是不可避免的，就跟人这一生吃五谷杂粮不可能不生病一样，谁也免不了"口舌之灾"。可现实中，总有些人说话冒冒失失没有分寸，话说出来总让人有种味同嚼蜡的感觉，有用的话却不沾一点边儿，废话连篇用嘴伤人不说，甚至还令人厌倦，导致话说了一大筐，一点意思都没有。说其有口无心，说话直来直去缺乏思量，却还是禁不住远离这样的人。所以，小孩子一旦有了这样的情况，就应该及时被指出并告知，话到嘴边还要停一停，想好了再说，明白哪句话该说，哪句话不该说。说话是个大学问，也是个大习惯，需要从小养成。

世人对文学泰斗巴金评价可以说是极高的，但就是这样一位以创作小说著称的文学大家，他的话却是极少的。他还经常要求他的子女不说废话，并指出话少不等于没有思想。特别是在其晚年生活中，面对一些不实之词，他多半以沉默面对，他的沉默的实质是选择了自己的说话方式——讲真话却不说废话。他认为有说废话的时间还不如研究下文学，所以我们看到巴金老人总是把说话的时间和精力都用在了文学创作上，晚年的他早已悟透世间纷杂，选择惜"话"如金显然更省心、省力，且对自身不会有丝毫的影响。

巴金总是以"说真话，少说话"为其语言行动的指南。他认为，言多必有失。失的是什么呢？自然是自己。人要说话前，该先明白自己，更该明白到底想说什么。巴金以此为说话的真谛并教育他的子女，口下留情，未必就失去了自己的面子和尊严；口无遮掩，未必都能得人尊敬。说出自己内心并顾及别人感受的话，才是真正有水准的话。而那些糊里糊涂、说了和没说一样的废话，还不如不说，因为没有意义，弄不好还会因为一句不经意的话而伤了彼此之间的和气。用嘴伤人是最不划算的事情，也是最简单轻易的伤人方式。

其实，说话多的人未必都说的是些真心话，说话少的人未必都说的是些虚情假意的话，话要说得恰到好处，既能表达自己的内心意思，又能照顾到每个听话人的感受。其实，只要能灵活机动地将自己想说的话在大脑中进行处理，有认真负责的说话态度，就会得到好一些的对话效果，达到沟通的目的。所以，家长在教孩子讲话的时候，就需要教给他们委婉含蓄地表达自己的想法，也不必苛求太多的说话技巧，只要不失大雅，不无辜伤害别人，那便是最有效的话语。

帮助孩子树立强烈的意识来肯定自己的性格并完善性格。在社会上的人，不可能让社会及他人来适应自己，而是个人要去适应社会。我们不必拿着自认为正确的交谈方式来规划孩子的性格发展蓝图。因为人的性格各不相同，这决定了说话的风格也不尽相同。外向性格的人，可能说起话来直来直去；而一个内向性格的人说起话来可能会瞻前顾后，思考半天。

教孩子分清楚讲话的对象和场合。可以带孩子到不同的场合，让孩子自己感受直言快语、说话不掩饰的说话方式，对熟悉的人当然无所谓了；而对不熟悉的人，如果也是很冒失的话，就会显得很唐突和不得体。孩子看多了大人们于各种场合的会话，自然也会学得其中讲话的真谛。

告诉孩子说话多必有失，有时候遇到不公正的事情，内心的愤怒表达并不能改变现状，此时保持沉默也是一种对不合理的现象的无形抵抗。当然，这并不是要求不能说话，而是要求说话尽量表达得委婉温和，让人容易接受。

4. 让孩子学会赞美和欣赏别人

　　每个人都喜欢被赞美，因为每个人都渴望得到别人的肯定与认可。在我们的生活中，一个善于发现别人长处、善于赞扬别人优点的人，绝不会只是单方面地给予和付出，他必然会得到很大的收获。孩子做好一件事情后，会很希望得到大人的表扬，而在看到别的小朋友做好一件事情的时候，却不乐意赞美，甚至可能表现出不屑，因为他们在无形中看出了自己的差距，得不到精神上的满足。

　　其实，赞美和欣赏都是一种积极的情绪，相比较于吝惜赞美，学会赞美和欣赏别人是一种潜在的激励自己的动力，有助于自己的进步。同时，一个人的赞美和欣赏，会让别人获得鼓励，引起别人对此人的好感，从而更愿意和这个人在一起，形成一种无形的凝聚力。有时候，我们在赞扬别人的同时往往也会激励自己，别人的精神也会感染我们，别人的榜样也会带动我们继续努力，使我们表现得更好。

有一次，天天和家长到叔叔家做客，叔叔一家很热情。婶婶还特意烧了一桌丰盛的菜，来招待天天一家。可是婶婶平日里很少下厨，烧菜手艺不怎么样。天天的家长面面相觑，不知该说什么好。婶婶也满面通红，坐立不安，还问大家要不要点外卖。

这时，天天拿起筷子，津津有味地吃起来，笑眯眯地说："婶婶烧的菜味道真是很特别啊，我有个同学就爱吃特别的东西，下次也请他来婶婶您家吃饭好吗？"婶婶立刻喜笑颜开，开心地点头，说："好啊，天天真是个好孩子，还记得同学的口味啊。"于是饭桌上大家的话题一转，尴尬的气氛立刻得到了缓解，大家很开心地吃起来。

天天的一句赞美之言，让原本难吃的菜有了特殊的价值。这让原本不知所措的婶婶变得自然起来，缓和了饭桌上的气氛，也让别人觉得天天是个聪明而有教养的孩子。可见，赞美有着特别的力量，在人际交往中有着极为重要的调和作用。

在现实生活中，说赞美的话是与人交际中必备的技巧。赞美得体，不但能保护面子，给人积极的影响，还能给对方的心灵带来温暖。赞美是个人修养的体现，向别人传递一个真诚的赞美，有着巨大的效力，孩子的赞美也具有同样的影响力。大人要从自身做起，给孩子做积极的示范。

马斯洛层次理论认为：自尊和自我实现是一个人较高层次的需求，它一般表现为荣誉感和成就感。而荣誉和成就的取得，还需得到社会的认可。赞扬的作用，就是把他人需要的荣誉感和成就感，送到对方手里。当对方的行为得到你真心实意的赞许时，对方看到的是别人对自己努力的认同和肯定。自己渴望别人赞许的愿望在荣誉感和成就感接踵而来时得到满足，能在心理上得到强化和鼓舞，从而更有力地发挥自身的主观能动性，向着自己的目标冲击。

在现代交际中，适度的赞美对人来说必不可少，因为人们总是喜欢听到赞美。当一个人听到别人的赞美时，通常觉得非常高兴，脸上堆满笑容，口里连说："哪里，我没那么好。""你真是很会讲话！"即使事后冷静地回想，明知对方只是赞美，心中还是免不了会沾沾自喜——这是人性的弱点。换句话说，一个人受到别人的夸赞，绝不会觉得厌恶，除非对方说得太过离谱。

一个人总想客观地了解自己，又想得到他人的认同。如果获得赞美，往往会有种成就感，也往往会对表示赞美的人产生好感。所以，赞美别人时要坦诚，这样，你所说的话，会超越赞美的效果，成为真正夸赞别人的话，听在对方耳中，感受就自然不同。而孩子正处于人际交往技巧的学习阶段，就更应该学会赞美别人。

赞美一定要真诚。如果伙伴把事情搞砸了，你却"不失时机"地赞美他，赞美就变成一种讽刺了。大人要告诉孩子，不真诚的赞美往往会起反作用，不但不会使别人舒畅，反倒会伤害别人，只有真诚赞美别人的人才能真正得到别人的爱。

大人教孩子赞美别人时，要特别指出，不能毫无根据地赞美，而是应赞美事情本身，不要只是说："你真是太好啦！"那毫无意义，会让人莫名其妙。

在表扬时，可以以具体明确的语言、表情称赞对方的行为。大人要在生活中给孩子以榜样示范，赞扬不同的人要采取不同的方式。那么孩子在赞扬同学时，就会用平等、热情、情不自禁的口气，而在赞美长辈时，就会怀着敬佩、尊重、学习的心情。

让孩子明白间接赞美也是一种赞美。大人要教孩子，不仅有口头赞美，更可以以眼神、动作、姿势来赞美和鼓励别人。可以用微笑、惊叹，或是夸张地瞪大眼睛表示对别人能力的倾慕和敬畏。这种方式是容易被对方接纳的。

家长还要注意培养孩子的"美感"。首先要通过孩子的视觉、听觉让孩子感受世间一切美好的事物，家长应不时地用语言向孩子讲述这些"美"的东西，让一种"美"的感受在孩子的大脑中保存下来。随着孩子的生长发育，社会交往不断扩大，生活经验不断积累，应该开始让他对家人和接触的外人的优点进行赞扬，久而久之，这种良好的行为就会成为一种习惯固定下来。

5. 孩子间的问题尽量让其独立解决

担心孩子在外受欺负，是家长们难免的担忧。我们身边总会有一些家长为孩子在幼儿园或学校受欺负的事情而烦恼。确实，孩子受欺负，家长很心疼，却又帮不上忙，也不能特意让孩子去学会打架、报复。其实这也是对孩子个人情商的一种考验，家长应该教会孩子正确处理问题的方法，孩子间的问题尽量让他们自己去解决。

相信大多数家长都有过此类切身体验，其中的困惑也油然而生，是教孩子讲理、回避，还是教孩子用拳头说话？可如果孩子个头小、性子弱，打不赢怎么办？家长出面，孩子能赢一辈子吗？其实，孩子的世界和大人的不一样。大人见到孩子受欺负应首先保持冷静，最好的办法是让孩子自己解决，毕竟那是孩子长时间生活的环境，而孩子之间的问题只有孩子自己去解决才能有更好的结果；一味地帮下去，孩子便永远不会"对付"这种事情，长大以后更难以处理好复杂的人际关系。

　　果果上幼儿园大班了，他性格老实，有时候跟班上的小朋友玩，挨了打也不还手。妈妈为此非常担心，爸爸认为，男孩子之间打打闹闹很正常，要分清楚情况，大部分都是打着玩儿的。如果真打疼了，就要教孩子反抗。一般不用教，孩子也会还手。所以爸爸告诉果果："我们不先动手打人，但别人先动手，不管是谁你都给我打回来，否则就别在家长面前哭。"

　　这天，果果在幼儿园里又和一个孩子发生争执，那个孩子在果果的脸上抓了一道血印子，果果突然愣住了，也没还手。老师见果果伤势有点严重了，便把果果的妈妈叫来了。妈妈看见果果的样子，很是心疼，还说："我以前不是告诉你了吗，对于经常打人的小朋友，就要躲啊，不跟他玩。"

　　果果的爸爸妈妈对于果果"挨打"的事情，有着不同的观点，果果自己在受到"欺负"的时候竟然愣了一下，因为他根本不知道该听妈妈的，还是听爸爸的。其实，受了欺负的小孩，应该学会自己面对。有时孩子之间不知应该怎样表达自己的情绪，可能就发生了肢体冲突，而不是真正的"欺负"。家长则要保持冷静，因为不了解情况，只会越帮越乱。孩子之间的打斗跟成人之间的打斗是有本质区别的，他们的打斗更多的是带有游戏的成分；也正是在打斗的过程中，他们慢慢学会了该如何与周围的小朋友交往。

实际上，随着孩子们相互之间越来越熟悉，"欺负"的事情也会越来越少。对孩子来说，他们也还没有建立起吃亏不吃亏的概念，所谓吃亏不吃亏是大人的想法。他们刚打完架，眼泪一抹，又可以搂抱在一起亲密无间。所以只要保证孩子安全，没有必要把孩子们之间的打斗看得过于严重。在孩子受到"欺负"时，家长的紧张心情可以理解，但也不必非要让孩子争个你赢我输。

那么，在日常生活中，家长具体应该怎么做呢？

在孩子很小时，要着重对勇敢和勇气的培养，过分呵护、关心，只会让孩子胆怯和娇气。孩子跌跟头，哭了，让他们自己学会爬起来继续前进。虽然这个过程会痛苦又漫长，却可以让孩子更自立，更独立。而作为家长，更应该有预见性，对自己的教育方式及孩子的性格要心中有数，不能等孩子被人欺负了才反省。

让孩子学会独立思考和行事。环境千变万化，家长教育不可能面面俱到。由于在家备受呵护关爱，孩子往往爱说爱笑，也很聪明。可离开家长后，孩子遇到问题便没了依靠。早点让孩子学会独立思考和独立做事，便不会出现孩子不知所措的情况了。

寻求老师帮助。多数情况下，家长不必介入孩子间的纷争。但如果孩子受欺负的事情持续发生，家长就可以请老师协助沟通，解决问题。与老师沟通时态度要平和，一味指责老师只会让事情变糟。

面对嘲笑不理睬。有时孩子受到的欺负并非打骂，而是嘲笑。对这种情形，家长可教孩子用严肃的目光盯着别人，并严厉地说："我不喜欢你这样嘲弄我。希望你以后不要这样。"然后走开，对对方的谩骂不予理睬。

受欺负时要大声呼喊。有的孩子被欺负时，一声不吭，甚至退到墙角，只会哭，这样往往会招来更多的欺负。教他们学会用大声呼喊表示抵抗。一方面，这样能引起旁人注意，寻求别人的帮助；另一方面，也是给欺负者一种警告和示威。

勇于表达个人意愿。在家里要让孩子学会大声说话。很多事情要和孩子商量，让孩子意识到个人价值，知道"我"的主权不容侵犯。

帮助孩子建立自信。多鼓励孩子，当孩子有了自信，才会开始自我保护。

6. 孩子的领导能力不是在独断行为中培养的

幼小的孩子都是自恋的，他们自以为是世界的中心，都极具领导欲望。而如今多数家庭都是一个孩子，大人们围着孩子转，也习惯了被孩子指挥，孩子享有至高无上的家庭地位。到了幼儿园，孩子自然会将在家的这种指挥能力用在其他孩子身上，无论何时何地都希望大家听自己的安排，喜欢独断专行，"教训"同伴。这样的孩子，不能友善地与人相处，还会欺负那些不听"摆布"的同伴。

尽管孩子在指挥的时候也会造成一些不愉快，但家长们还是乐于看到自己家的孩子指挥别人，认为这是孩子天生的领导才能。但是，这种早早就惯出来的"领导才能"并不是真正的领导能力，而是因为缺乏对别人的理解，尽情地表达自己的愿望，认为自己是世界中心。这需要孩子在今后的成长过程中进行自我探索，接触到更多事物，打破这一种天然的自恋。家长一味地溺爱，放纵孩子的一切欲望、要求，让孩子很难走出自我的意识。

女孩杨思是天生的"指挥家"，平日里特别爱指挥人。在幼儿园的时候她就经常命令其他小朋友和她一起玩，如果哪个同伴不同意，杨思就过来用小巴掌打这个小朋友，也经常抢其他孩子的玩具。杨思的爸爸妈妈从来没有对杨思的行为感到头疼，更不会管教孩子，并着实以为这是家人的骄傲。特别是杨思的这种有暴力倾向的指挥，更是让家人觉得自豪，认为只有自家的杨思才有这种领导能力，可以指挥其他小朋友。

就这样，杨思已经习惯了用强势解决问题：没人和她玩，她就"武力"解决；没有玩具，就从别人那里抢。但上了小学后，学习可是自己的事情，别人怎么努力都不能替杨思掌握知识，而杨思从别人那里也抢不来。于是她遇到了麻烦——学习成绩在班里总是倒数，想指挥也指挥不了了。

杨思因为学习成绩糟糕，觉得自己"矮"了一头，也不好意思指挥别人了。她不能接受现在不是世界中心的现状，想出了一系列的办法。为了重新成为大家的关注中心，杨思在课堂上骚扰其他同学听讲，带着大家玩游戏；给同学、老师起绰号，背后嘲笑别的同学；故意找老师麻烦……然而，杨思不知道这样只会让同学们越来越讨厌她。

从杨思的种种行为中，我们可以发现她是那种控制欲特别强的孩子。她跟别的孩子一起玩时，总是想指挥别人，让别人为她做什么。但是杨思一点也不知道这样会造成别人对她的敌对情绪，尤其是在上学后，杨思凡事都想占上风，太想成为周围人的关注点，而她没有成绩好的资本保驾护航，很难融入同伴当中，只好去制造麻烦，引起大家的关注。

像杨思这种孩子，如果究其出现这种情况的原因，其实还跟我们家长的养育方式和日常交流有关。孩子本来就自恋，加上家长的溺爱，在家里尝尽了指挥的好处，那么在家以外的地方他们也会想得到这种甜头，于是就表现出了指挥其他孩子的愿望。可是指挥并不是那么容易的，只有那些表现出色的孩子才会更容易让人信服，而这种出色并不单是学习上的，还有为人处世上的。所以，家长要多培养孩子体谅他人的感受，让孩子在交往中懂得谦让与合作，在体会被别人指挥的同时，学会调适自己的支配地位，找到属于自己的位子。

北卡罗来纳州家长之道研究中心的家庭心理学家丁·罗斯蒙德将Respect（尊重）、Resourcefulness（机智）、Responsibility（责任心）认定为家长必须在孩子身上开发的三种基本特性。领导的桂冠总是落在具有这三种基本特征的人头上：他们努力照习惯去理解和容忍，屡次在挫折面前另辟蹊径，勇敢面对自己行动产生的后果。

美国心理学家斯考特·派克认为，爱不仅是给予，并且是合理的给和合理的不给，是合理的赞美和合理的批评；它是合理的争执、对立、鼓励、敦促、安慰。所谓合理，是一种判断，不能只凭直觉，必须经过思考和有时不怎么愉快的取舍决定。而要养育健康而心智成熟的子女，需要的是合适、合理的关爱。最懒惰的就是放纵型的溺爱，因为这样做的家长居然放弃了思考，而让没有控制能力的孩子去发号施令。

通过以上两位专家的观点陈述，我们知道孩子的成长需要爱，但这种爱并不是溺爱。家长的过分溺爱只会让孩子继续以自我为中心，习惯了有愿望立即得到满足，没有懂得愿望的满足需要时间，从而养成了自我中心主义，导致孩子严重缺乏同情心。尊重、机智和责任心这三种基本的人格特性，需要靠孩子自己的努力去实现，而不是一味地让孩子停留在自我为中心的认知上。

要想培养孩子的领导能力，就要多给孩子创造与年长几岁的孩子一起玩的机会，这样孩子会在与大孩子玩耍中知道自己的位置，了解自己的能力，懂得了自己要去适应环境而不是等环境来适应自己，经受挫折、坎坷，饱受别人的指挥后，得到宝贵的人生经历，并明白只有强化自己的能力才会得到别人的肯定，成为真正的领导。

家长必须明白，谦让合作是孩子的必修课。从孩子两岁开始，家长和亲人就代表了整个社会，随着孩子长大，渐渐走到真正的社会中时，自我为中心的心理会遭到各种毫不手软的打击，渐渐摧毁了固化的自恋的心理定式。所以，做家长的必须先知道别人不会溺爱你的孩子，挫折是孩子成长必需的体验，也是必然的体验。然后在孩子认识世界的过程中，让他们学会谦让合作，才会顺利融入社会，寻找到属于自己的社会位置。

我们要强化孩子的能力，以才能服人。作为家长，要让孩子明白，让别人听自己的话是很不简单的一件事，要让别人觉得和你在一起有意思、你能帮助他们，他们才会听你的话。所以，孩子要有更多的能力才可以服众。

生活中，我们要鼓励孩子勇于、善于表现自己。"可能性思维"是领导能力的一个标志，那种对一个难题认真研究并向别人演示如何解决它的孩子会经常问："假如我这样做了，会怎么样？"如此，孩子自然会养成积极想办法的心态。此外还要鼓励他们在班上多发言，因为在别人面前毫不羞怯地表现自己是一个领导人最重要的技能。

7. 让孩子与老师建立积极的相处模式

有一位表现积极、工作负责的体育委员，在一次体育课外活动中，体育教师没有认真听取他的合理化建议，武断地对他进行了批评，挫伤了这位学生的工作积极性，使他对体育教师产生了对抗心理。具体的表现是：情绪低落、孤僻，对体育活动不再像以前那样积极负责了。

这位学生的这些变化未能引起体育老师的重视，致使师生之间的心理距离越来越远。这位体育骨干不光是消极对待学习，还偶尔故意犯些小错误。每次犯错误后，体育老师都采用简单的方法处理，有时是粗暴的批评，有时是不闻不问，后来干脆撤销了这位同学的体育委员职务。

职务被撤销后，这名学生的情绪更是一落千丈，上体育课总是迟到，甚至旷课，后来产生严重的体育"厌学"心理，干脆再也不参加体育活动了。

　　这名体育委员的行为其实是青春期孩子特有的应激之下激动情绪的极端化表现。青少年的大部分时间在学校里，就免不了和老师交往。多数人都有这样的体会：与哪个老师关系比较融洽，喜欢上哪门课，哪门成绩就好；如果与哪个老师关系不和谐也会殃及那门课，这大概也是爱屋及乌的反映吧。

　　小学生几乎都把老师当成偶像，认为老师是世界上最有学问、最值得尊敬的人。到了中学，随着自我独立意识的增强，初中生们渐渐学会了评价老师，对老师不再是盲目地喜欢和崇拜了。有的人更是只看到老师的缺点，说老师太严厉了，对学生没有好脸色；说老师太偏心了，就向着学习好的学生；或者认为老师太主观臆断，不调查清楚事实就乱批评人，等等。这些同学对老师有了意见可又不愿意给老师提，怎么办呢？就用一些不妥当的行为来发泄，比如，给老师起绰号、上课故意捣乱、当众顶撞老师，等等。这样做必然会造成师生之间出现矛盾，关系紧张，其最终结果是影响自身的学习和身心健康。那么，是什么原因导致你的孩子不喜欢老师呢？

　　1.没有得到老师的重视。老师没有让孩子当小干部，没有给他一定的工作任务，甚至在课堂上很少提问他，或者老师跟他从来没有交谈过。

　　2.孩子对某科的学习缺乏兴趣，成绩不好，即使老师没有对他批评、责备，他自认为学习不好，老师不会喜欢自己，于是对老师缺乏感情。

3.因为纪律问题或个别错误受到老师的批评过多、过于严厉。受到太多、太严厉批评的孩子，在老师面前缺少成功、愉快的心理体验，造成感情上的隔阂。

4.被老师冤枉过，老师又没有认真承认自己的失误。老师教育、批评学生时，难免出现错误，有的孩子被冤枉了，耿耿于怀，产生委屈甚至怨恨情绪，与老师感情疏远。

一般来说，孩子惧怕老师是因为不能忍受老师对自己冷淡的态度，或不能接受老师对自己的批评而与老师产生的一种抵触情绪。而这种负面的情绪直接影响孩子的学习兴趣和学习效率，应该引起老师和家长的重视。

家长们要给孩子创造一种宽松的、自由的发表意见的心理氛围，使孩子毫不隐瞒地讲清楚老师批评自己的原因，以及对自己的态度和自己接受批评时的心情。家长一方面要认真听取孩子对事情的全部经过的陈述，以及孩子对老师批评和处理意见的看法；另一方面要冷静分析孩子产生抵触心理的主要原因，并采取适益的方法予以解决。此外，鼓励孩子多与老师交心。如果孩子过于害羞、胆怯，那么可以鼓励孩子以书面形式与老师交流，并主动写出自己的打算、措施。

　　要注意培养孩子的同理心，让孩子学会站在他人的角度考虑问题和处理问题，创造情景让孩子亲身体会老师的难处，并在这个过程中改善师生间的关系，减轻或避免孩子对老师的抵触情绪。切忌在没搞清事实真相之前就简单粗暴地批评孩子或对老师表示不满。注重教导孩子：一方面要尊敬老师，尊重老师的劳动。另一方面，要正确对待老师的过失，委婉地向老师提意见。心理学的研究发现，人们会对看起来没有缺点的人敬而远之。其实，根本不可能存在没有缺点的人。

　　家长要积极配合老师教育好自己的孩子。家长要了解孩子在学校的表现，老师也要了解孩子在家中的行为，这对家长和老师共同教育孩子、避免孩子对老师产生抵触情绪是极其重要的。而只有家长与老师经常保持密切的联系，才能步调一致、有的放矢地对待孩子成长过程中各种合理的需要，并施以有效的教育，使孩子在老师的教育中体会受教育的愉快。当然在某一个问题上或某一件事上，家长与老师可能有不同看法和意见，这时候，要避开孩子互相交换意见，而不可以当着孩子的面各行其是。否则，会使孩子造成思想上的混乱或无所适从，甚至使孩子养成两面派的坏毛病，造成家庭教育和学校教育两种教育作用相互排斥或抵消的不良结果。特别要强调的是，家长切不可当着孩子的面讲有损老师尊严的话。同时，要让孩子懂得，对老师的尊重并不等于认为老师做的都对，对老师有意见就应该向老师提出来，只是需要讲究一些策略，最好是在事后找老师谈心，说明实情，消除误会。